【运盐河畔古凤城】
YU DONG

余东

冨岳 著

苏州大学出版社
Soochow University Press

图书在版编目（CIP）数据

余东 / 邹仁岳，李茂富著. — 苏州：苏州大学出版社，2015.5
（江海文化丛书 / 姜光斗主编）
ISBN 978-7-5672-1275-6

Ⅰ. ①余… Ⅱ. ①邹… ②李… Ⅲ. ①乡镇 - 介绍 — 海门市 Ⅳ. ①K925.35

中国版本图书馆CIP数据核字（2015）第100578号

书　　名	余　东
著　　者	邹仁岳　李茂富
责任编辑	施　　放　薛华强
出版发行	苏州大学出版社
	（苏州市十梓街1号　215006）
印　　刷	南通市崇川广源彩印厂
开　　本	890×1240　1/32
印　　张	4.875
字　　数	122千
版　　次	2015年6月第1版
	2015年6月第1次印刷
书　　号	ISBN 978-7-5672-1275-6
定　　价	16.00元

苏州大学版图书若有印装错误，本社负责调换
苏州大学出版社营销部　电话：0512-65225020
苏州大学出版社网址　http://www.sudapress.com

"江海文化丛书"编辑委员会

主 任：李 炎
委 员：李明勋　姜光斗　施景钤　沈启鹏
　　　　周建忠　徐仁祥　黄振平　顾 华
　　　　陈 亮　吴声和　陈冬梅　黄鹤群
　　　　尤世玮　王建明　陈鸿庆　沈玉成

主　　　编：姜光斗
执行副主编：尤世玮　沈玉成

"江海文化丛书"总序

李 炎

由南通市江海文化研究会编纂的"江海文化丛书"(以下简称"丛书"),从2007年启动,2010年开始分批出版,兀兀穷年,终有所获。思前想后,感慨良多。

我想,作为公开出版物,这套"丛书"面向的不仅是南通的读者,必然还会有国内其他地区甚至国外的读者。因此,简要地介绍南通市及江海文化的情况,显得十分必要,这样便于了解南通的市情及其江海文化形成的自然环境、社会条件和历史过程;同时,出版这套"丛书"的指导思想、选题原则和编写体例,一定也是广大读者所关心的,因此,介绍有关背景情况,将有助于阅读和使用这套"丛书"。

南通市位于江苏省中东部,濒江(长江)临海(黄海),三面环水,形同半岛;背靠苏北腹地,隔江与上海、苏州相望。南通以其独特的区位优势及人文特点,被列为我国最早对外开放的14个沿海港口城市之一。

南通市所处的这块冲积平原,是由于泥沙的沉积和潮汐的推动而由西北向东南逐步形成的,俗称江海平原,是一片古老而又年轻的土地。境内的海安县沙岗乡青墩新石器文化遗址告诉我们,距今5 600年左右,就有先民在此生息繁衍；而境内启东市的成陆历史仅300多年，设县治不过80余年。在漫长的历史过程中，这里有沧海桑田的变化，有八方移民的杂处；有四季分明、雨水充沛的"天时"，有产盐、植棉的"地利"，更有一代代先民和谐共存、自强不息的"人和"。19世纪末20世纪初，这里成为我国实现早期现代化的重要城市。晚清状元张謇办实业、办教育、办慈善，以先进的理念规划、建设、经营城市，南通走出了一条与我国近代商埠城市和曾被列强所占据的城市迥然不同的发展道路，被誉为"中国近代第一城"。

南通于五代后周显德五年（958）筑城设州治，名通州。北宋时（1023—1033）一度改称崇州，又称崇川。辛亥革命后废州立县，称南通县。1949年2月，改县为市，市、县分治。1983年，南通地区与南通市合并，实行市管县新体制至今。目前，南通市下辖海安、如东二县，如皋、海门、启东三市，崇川、港闸、通州三区和国家级经济技术开发区；占地8 001平方公里，常住人口约770万，流动人口约100万。据国家权威部门统计，南通目前的总体实力在全国大中城市（不含台、港、澳地区）中排第26位，在全国地级市中排第8位。多年来，由于各级党委、政府的领导及全市人民的努力，南通获得了"全国文明城市"、"国家历史文化名城"、"全国综合治理先进城市"、"国家卫生城市"、"国家环保模范城市"、"国家园林城市"等称号，并有"纺织之乡"、"建筑之乡"、"教育之乡"、"体育之乡"、"长寿之乡"、"文博之乡"等美誉。

江海文化是南通市独具特色的地域文化，上下五千年，南北交融，东西结合，具有丰富的历史内涵和深邃的人文精神。同其他地域文化一样，江海文化的形成，不外乎两种主要因素，一是自然环境，二是社会结构。但她与其他地域文化不尽相同之处是：由于南通地区的成陆经过漫长的岁月和不同阶段，因此移民的构成呈现多元性和长期性；客观上又反映了文化来源的多样性以及相互交融的复杂性，因而使得江海文化成为一种动态的存在，是"变"与"不变"的复合体。"变"的表征是时间的流逝，"不变"的表征是空间的凝固；"变"是组成江海文化的各种文化"基因"融合后的发展，"不变"是原有文化"基因"的长期共存和特立独行。对这些特征，这些传统，需要全面认识，因势利导，也需要充分研究和择优继承，从而系统科学地架构起这一地域文化的体系。

正因为江海文化依存于独特的地理、自然环境，蕴含着自身的历史人文内涵，因而她总会通过一定的"载体"体现出来。按照联合国教科文组织的分类，"文化遗产"可分为四类：即自然遗产、文化遗产、自然与文化遗产、非物质文化遗产。而历史文化人物、历史文化事件、历史文化遗址、历史文化艺术等，又是这四类中常见的例证。譬如，我们说南通历代人文荟萃、名贤辈出，可以随口道出骆宾王、范仲淹、王安石、文天祥、郑板桥等历代名人在南通留下的不朽篇章和轶闻逸事；可以随即数出三国名臣吕岱，宋代大儒胡瑗，明代名医陈实功、文学大家冒襄、戏剧泰斗李渔、曲艺祖师柳敬亭，清代扬州八怪之一的李方膺等南通先贤的生平业绩；进入近代，大家对张謇、范伯子、白雅雨、韩紫石等一大批南通优秀儿女更是耳熟能详；至于说现当代的南通籍革命家、科学家、文学家、艺术家以及各行各业的优秀人才，也是不胜枚举。在他们身上，都承载着江海文化的优秀传统和人文精神。同样，历史文化的其他类型也都是认识南通和江海文化的亮点与切入口。

本着"文化为现实服务，而我们的现实是一个长久的现实，因此不能急功近利"的原则，南通市江海文化研究会在成立之初，就将"丛书"的编纂作为自身的一项重要任务。

我们试图通过对江海文化的深入研究，将其中一部分能反映江海文化特征,反映其优秀传统及人文精神的内容和成果,系统整理、编纂出版"江海文化丛书"。这套"丛书"将为南通市政治、经济、社会全面和谐发展提供有力的文化支撑,为将南通建成文化大市和强市夯实基础,同时也为"让南通走向世界,让世界了解南通"做出贡献。

"丛书"的编纂正按照纵向和横向两个方向逐步展开。

纵向——即将不同时代南通江海文化发展史上的重要遗址(迹)、重大事件、重要团体、重要人物、重要成果经过精选,确定选题,每一种写一方面具体内容,编纂成册;

横向——即从江海文化中提取物质文化或非物质文化的精华,如"地理变迁"、"自然风貌"、"特色物产"、"历代移民"、"民俗风情"、"方言俚语"、"文物名胜"、"民居建筑"、"文学艺术"等,分门别类,进行归纳,每一种写一方面的内容,形成系列。

我们力求使这套"丛书"的体例结构基本统一,行文风格大体一致,每册字数基本相当,做到图文并茂,兼有史料性、学术性和可读性。先拿出一个框架设想,通过广泛征求意见,确定选题,再通过自我推荐或选题招标,明确作者和写作要求,不刻意强调总体同时完成,而是成熟一批出版一批,经过若干年努力,基本完成"丛书"的编纂出版计划。有条件时,还可不断补充新的选题。在此基础上,最终完成《南通江海文化通史》《南通江海文化学》等系列著作。

通过编纂"丛书",我有四点较深的体会:

一是有系统深入的研究基础。我们从这套"丛书",看到了每一单项内容研究的最新成果,作者都是具有学术素养的资料收集者和研究者;以学术成果支撑"丛书"的编纂,增强了它的科学性和可信度。

二是关键在广大会员的参与。选题的确定,不能光靠研究会领导,发动会员广泛参与、双向互动至关重要。这样不仅能体现选题的多样性，而且由于作者大多出自会员，他们最清楚自己的研究成果及写作能力，充分调动其积极性，可以提高作品的质量及成书的效率。

三是离不开各个方面的支持。这包括出版经费的筹措和出版机构的运作。由于事先我们主动向上级领导汇报，向有关部门宣传，使出版"丛书"的重要性及迫切性得到认可，基本经费得到保证；与此同时，"丛书"的出版得到苏州大学出版社的支持，出版社从领导到编辑，高度重视和大力配合；印刷单位全力以赴，不厌其烦。这大大提高了出版的质量，缩短了出版周期。在此，由衷地向他们表示谢意和敬意！

四是有利于提升研究会的水平。正如有的同志所说，编纂出版"丛书"，虽然有难度，很辛苦，但我们这代人不去做，再过10年、20年，就更没有人去做，就更难做了。我们活在世上，总要做些虽然难但应该做的事，总要为后人留下些有益的精神财富。在这种精神的支撑下，我深信研究会定能不辱使命，把"丛书"的编纂以及其他各项工作做得更好。

研究会的同仁嘱我在"丛书"出版之际写几句话。有感而发，写了以上想法，作为序言。

2010年9月

（作者系南通市江海文化研究会会长，"江海文化丛书"编委会主任）

目 录

蒲香千年…………………………………… 1

古镇沧桑…………………………………… 7

老街遗韵…………………………………… 15

风物览胜…………………………………… 41

红色记忆…………………………………… 55

民俗风情…………………………………… 61

地方特产…………………………………… 81

发现余东…………………………………… 89

蒲香千年

　　余东镇位于江苏省海门市东北部,距海门市区30多公里,距南通市区50多公里,历史上曾经是通州余东场,是元明清两淮盐场之一。余东历史悠久,它始于唐代,兴于宋代,盛于明清,因早期设灶煮盐而逐步发展成镇,并长期作为余东场的场署所在地。余东在明代建城,古称"凤城"。经历了1 300多年的世道沧桑,而今凤城犹在,如一位饱经风霜的老人,默默地伫立在运盐河畔,当人们掀开它的历史面纱、刻意寻找它的过去的时候,依然能感受到它的幽远、它的深沉、它的丰富的历史文化底蕴。2008年10月,余东镇被公布为第四批中国历史文化名镇,它是古代两淮盐场中唯一被列为国家级历史文化名镇的古镇,也是南通地区第一个国家级历史文化名镇。

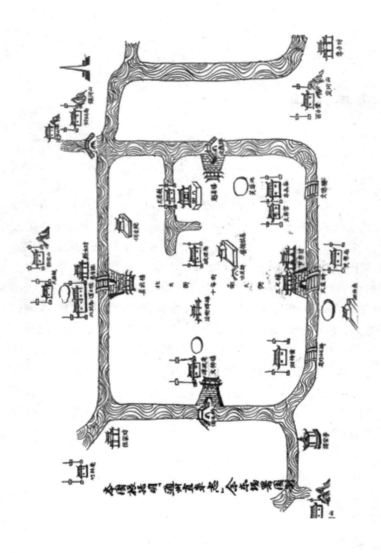

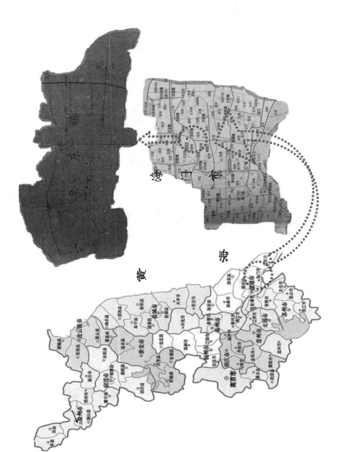

余东镇地理位置图

海门市余东镇保护范围规划图

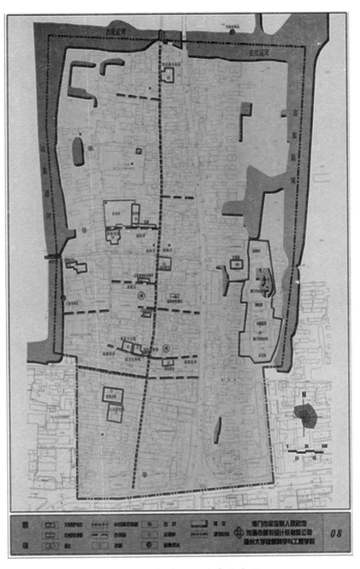

海门市余东镇保护要素分布图

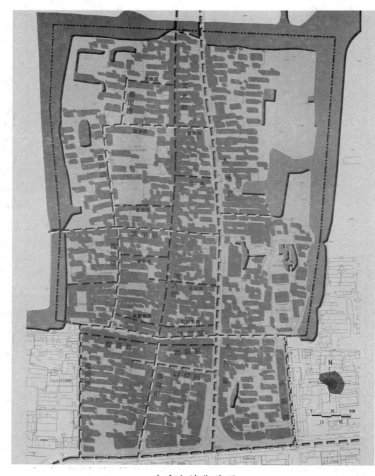

余东古镇街巷图

古镇沧桑

一、一个美丽的传说

在余东,流传着一个古老的传说:

很久很久以前,余东是个荒凉的地方,到处都是野草芦荡,沼泽遍地,人烟稀少。天宫凌霄宝殿玉皇大帝身边的凤凰难耐天宫的寂寞,偷偷飞出南天门,来到这里。凤凰翅膀一振,长鸣一声,茫茫杂草不见了,变成了一片良田,高低不平的土堆没有了,变成了一马平川。一天,玉帝发现凤凰不见

古镇余东

余东北城门旧照

了,四处查找,才发现凤凰下凡了。于是龙颜大怒,下令巨令神去捉拿凤凰。巨令神在东海边找到了凤凰,命她返回天宫,可凤凰迷恋余东这个地方,拒不从命,巨令神手拿开山大斧,又有拔山之力,便和凤凰战了起来,凤凰战得精疲力竭,栽倒在地,化作了一座城池,这就是余东。于是,余东便叫作"凤城"。

美丽的传说寄托了人们美好的情感,但余东古城确也像一只展翅的凤凰。那条南北的老街是凤凰的身体;老街中段向东西延伸的小街就是伸展的凤翅;城南有座青墩,就是凤头;青墩两侧的双井,如同凤凰的双眼;从南城楼至青墩就是凤颈;北城门向北伸出直至海边的三条盐车路酷似飘动的凤尾。凤冠、凤爪、凤毛何在,当地人都会如数家珍般一一道来。千百年来,余东人用凤凰的形象营造了美丽祥和的家园,也以凤凰的羽毛编织了五彩缤纷的精神世界。

二、穿越历史的烟云

走出美丽的梦幻家园,穿越历史的烟云,我们可以了解到余东的前世今生。

早在南北朝时期,长江口北侧开始涨出许多沙洲,自西向东有胡逗洲、南布洲、东布洲等,形成了一条狭长的水脊,人称"牛角梢",余东位于东布洲的西北部。在余东的东部一带海面,史称"白水荡"。据传初唐四杰之一骆宾王曾避难白水荡,余东至今仍流传着骆宾王与木桩港的故事。木桩港在余东城西南2公里处,原是个救命墩。传说,骆宾王起兵造反讨伐武则天,打了败仗乘船向东海逃去,当船靠近余东的时候,风云突变,大雨倾盆,海浪滔天,眼看船只要翻。这时随着一声炸雷,竟从天上掉下一根木桩,正好落在船头上,木桩上还系有一条红绸带,上写:"宾王宾王,心中莫

南城门

慌，赠你木桩，助你兴唐。"于是，骆宾王将木桩做锚，抛了出去，正好落在救命墩上，把船系得牢牢的。于是这个地方就称作"木桩港"，沿用至今。

唐文明元年（684），尉迟恭之后裔尉迟宝庆因受薛刚反唐的牵连避难于此，围垦筑寨，取其首尾二字为"余庆"。其实，所谓"余庆"，古代指先代的遗泽，古书云："积善之家，必有余庆。"余东正是由这海边遗泽发展而来。以后逐渐有移民定居，加上官府流放犯人到此煮盐，逐步形成沿海一村落，开元四年（716），始建盐亭场。

唐大历年间（766—779），黜徒使李承实巡查两淮，在此围垦筑堤，设灶煮盐，以后余东一带移民增多，逐渐变成产盐区。人们把李承实设灶煮盐的地方称为"李灶"，因此余东最早也称李灶。

南唐静海（今南通）建置时，在狼山、蔡港、余庆、石港、西寨五处建寨，作为军防要塞。其中的余庆就是现在的余东。北宋太平兴国年间（976—984），因盐业发达而建余庆场。北宋中叶，余东西侧涨出余中沙，东布洲与胡逗洲连成一片。到元代，将余庆场一分为三，分设余东场、余中场和余西场，余东镇便成为场署所在地，余东由一个自然集镇发展为官方的建制镇，其时两淮计有29个盐场，余东为其中之一，余东之名一直沿用至今。

余东的"凤城"之称，最早出现在明洪武年间（1368—1398），明洪武八年（1375）建置时已提及"余东场凤城"，万历《通州志》载："余东镇明正统中建。"据说，明代嘉靖年间（1522—1566）修建北城楼时，从真武大帝塑像中发现复制的尉迟宝庆铜鞭一根，上嵌有"凤凰之城，福祥宝地，余庆百官，如日东升"。《通州直隶志》载："余东、石港各有城，以土为分四门，就水道为关。"明嘉靖年间，为防倭寇侵犯，在余东、吕四建城。明代《通州志》《海门县志》均记

凤凰亭

载:"余东于嘉靖中筑城。"《两淮盐法志》也载:"余东旧有城,乾隆三十三年(1768)潮决城圮,仅有四城楼。"

清代,为两淮盐业鼎盛时期,其时,两淮共有23个盐场,余东场为其一。余东、吕四两盐场盐质冠于江淮,称为"真梁盐",是朝廷贡品,余东也成为清代淮南的一个盐业重镇。

随着盐业的发达,余东各行各业都得到发展,大批外地客商来此定居经商,余东城内商业、手工业日益兴旺。尤其是余东的土布纺织业十分发达,其生产的"芙蓉布"曾作为朝廷贡品,并远销东南亚,明清两代的《通州志》载:"用苎麻织成之,出余东镇者为佳","手巾之出余东者,最驰名"。以蓝印花布为代表的土布生产在余东兴盛不衰,"曹裕兴染坊"久负盛名,后传至二甲,传向通州,并传承至今。

清末民初，由于海岸东移，盐业淡出，许多余东人撤灶务农，但余东一直成为通东地区的政治、经济、文化中心。1903年，近代著名的实业家、教育家张謇在余东盐河桥创办了南通县县立第九高等小学。1928年，通东地区最早的中国共产党支部在余东成立。第二次国内革命战争时期，余东一带成为红十四军第二师的活动中心，在余东城外，有三打汤家苴遗址、南通东乡第一个苏维埃政权遗址、工农红军江苏第一大队成立地遗址、红十四军二师师长秦超烈士墓等。1930年5月18日，红军攻入余东城内，召开群众大会，号召建立苏维埃政权，这是红十四军攻下的最重要的城镇。1940年12月，陶勇率新四军东进海启地区，攻占余东镇，与日寇血战龙须口。1948年5月，人民解放军围攻余东，全歼守敌而余东解放。

三、走进记忆的深处

　　最早前来余东地区的除俞（尉迟复姓改单姓俞）、李二姓外，后陆续前来从事盐垦、安家定居的有保定的张、王二姓，岐山的姜姓，清河的崔姓，汝南的李姓和鲁南的曹姓……可归纳为俞、李、张、王、姜、曹、程、何、吴、崔、保、钱、刘、梁、江等姓（详《南通姓氏初探》）。他们来自安徽、浙江、山东、湖广和江苏的扬州、镇江、无锡、江阴、南京、句容、靖江、兴化、盐城、溧水等各省市县。余东这一带江海交汇，淤沙越积越多，土地愈拓愈宽，随着盐垦、渔业的发展，人口日繁，远方客商纷至沓来，在余东城内开店经商。至清末民初，全镇商号摊贩、小手工业者已达三四百家之多。其中，南北京广货店有太和斋、李同顺、信昌、恒昌等10多家；绸布庄有宋裕源、乾丰泰、震丰恒等6家；茶叶店有洪亲顺、方义兴等；茶馆酒肆有鸣凤楼、李义和、中华园、广福园等10多家。还有仁昌、厚生昌等烟纸店；南三泰、北三泰等米行；范福盛、王和记、范福泰等酱园；金利记、庄兆庭、五福记等竹厂；王福隆等花行；瞿元大等木行；宋利源、王永兴、郭利茂等银楼；王和丰、吉泰昌丝线作；顺寿堂、广和堂、延龄堂等药店和白玉池、染坊、画铺、灯笼店、轿行、车行、鞋帽店、香烛店、糖坊、渔行、磨坊、铁铺、水果、皮货行、茶食店、书坊、客栈、理发店、草行、地盘场等各行各业，应有尽有。素负盛名的原老中医程继珍、陆吉桃、陶厚庵等都在余东开设诊所，还有一所由原北伐军军医姜逢汉开的中西医结合的"逢德医院"。

城隍庙内万年台作为梨园艺人演戏的舞台，张二、张三、汤炳坤、赵长保等几家戏班子常在镇上搭台演唱各种京剧戏目。清代，余东镇上有娄、崔、江、俞等几家私塾。辛亥革命后，拆掉财神堂办了南楼小学，接着又在盐店巷办了二分校，后来在镇东北的盐河桥堍创办了南通县第九高等学校。东到吕四、西到二甲、北到三余、南到凤凰桥一带的学生都来此求学。

余东城由于历史悠久，文风颇盛，历代曾出了探花、进士、监生、吏员、贡生、秀才等不少人物。

数百年来，余东城内外形成了许多名胜古迹，现在虽然大部分已不存在，但人们记忆犹新。下列几句话可以包揽旧余东城的全貌：

余东城，好风光，它有四门居四方；
城里城外各十庙，五山五坊三条港，
两河七桥三池塘，还有青墩双井庄，
亭台楼阁堂会院，凤城福地美名扬。

四城楼是：东、西、南、北四座城楼。

城内十庙：魁星楼、三义楼、火神楼、真武楼、东岳庙、城隍庙、文昌宫、财神堂、火星殿（在衙门内）、准提庵。

城外十庙：关帝庙（又称南武庙）、道士观（又称北武庙）、百子堂、奶奶庙（又称眼光庙）、竹林庵、大悲殿、三官殿、大王庙、都天堂、五里墩、三元殿。

五山：戴青山、镇海山、定海山、波罗山、弥陀山。

五坊：贞节坊（南楼下）、节妇坊（泰安桥旁）、烈女坊（大驼巷口）、孝子坊（东市梢）、过街坊（新街口）。

三条港：李灶港、木桩港、花园港。

两河：运盐河、护城河。

七桥：文鼎桥、文德桥、文星桥、保安桥、泰安桥、盐河桥、水关桥。

三池塘：放生池、甜水池、节孝池。

青墩：在城南，墩上长有青稞，即民间传说中的凤头。

双井庄：在城南，传说天上的凤凰降落此地后形成两井，是凤的双眼。

亭：接官亭（西市梢）。

台：万年台（城隍庙内）。

楼：学海楼（双井庄内）。

阁：醉桐阁（双井庄内）。

堂：育婴堂（衙门前）。

会：商会（水关桥边）。

院：佑圣院（北后街）。

新中国建立初期将古老的四街、六路、五园、二十四弄十八弯重新命名。

老街遗韵

一、明清石板街

进入余东古镇,漫步余东老街,过去的一切仿佛在眼前凝固,悠长的石板街,向着岁月的深处伸去,鳞次栉比的排门紧紧关闭,封存着古镇曾经的繁荣。余东石板街始建于明代,沿用至今已有650多年历史,是南通地区古镇中保存最完好的明清老街,至今仍有2 146块石板,底下为排水道,排水道穿城至护城河。南北向长约900米,是当年余东最繁荣

余东老街

南大街

古朴地砖

余东老街

的商业街,以老街为中轴线,有20多条小巷向东西延伸。两侧前店后坊,商业店铺遍布,青石铺路,深巷小道纵横相连。石板街中段还有一条东西向的老街,连接到原来的东西城楼,这也是过去余东的一条主要街道,现在称为城中路,如今这条街道的石板已不存在,旧貌已有较大改变,但道路还在，与石板街形成十字街口，是余东古镇的中心。

从南门外还向南延伸出一条石板街，直至旧通吕公路，长约200米，以前称为城南街，它的历史比城内街道稍晚，在清代形成。南门外还有一条横向的石板街，石板还在，道路完整，但比城内老街狭窄，它与南大街相交形成南十字街。就这样，余东老街经纬交错，平房与楼房高低参差，简陋的瓦舍与朱漆的楼阁相映成趣，故有"南北长街东西道，檐牙相接一线天，市招飘摇遮晴日，无怪行人肩并肩"的形象描绘。

二、凤城古巷

余东古巷是按凤城旧俗而建的。

据传，凤城四门是按方位所定，以十字街（现名城中路）为中心，南北为竖线、东西为横向，但本在一个直线方位的城，四条大街却弯弯曲曲，让人进了南城却不见北门，进了东城难看到西门。据说这样才不"漏财"（与民居堂门和后门不成直线，意思相同）。同时，要使一个城镇活跃，那就必须巷子多。旧时，余东巷子如蜈蚣的百脚一样多，故又有"蜈蚣街"、"百巷镇"之称。

如果仔细地了解一下这些巷子，就觉得其中大有文章。这些小巷弯弯曲曲直通幽寂之处（如二团巷）；或笔直地延伸下去，一眼望不到尽头（如十八弯巷）；或巷中有巷（如天河巷）；或巷中套巷（如太和斋巷）；巷巷相通（如竹厂巷、庙河巷）；又巷巷各异，宽的大通巷，旧时卡车也开得进，窄的堂子巷（原名一人巷），现在还只能一人走，两个人就得侧面肩擦肩过。小巷内有青砖铺成的鱼背路，也有乱石铺成的龟背路，它们都是雨停路干，路面从不积水。

凤城古巷是一幅民俗风情画，且具有军事价值。

南十字路口

古巷民居

作为古镇，其街巷形成不仅与民俗习惯有着密切的联系，也有其他因素的影响。余东不是一个自然集镇，而是由朝廷统一规划所建的盐场古镇。明代嘉靖年间（1522—1566），余东筑城，其根本原因是为了防范倭寇侵扰。当时余东地处江海要冲，成为通州之屏障，战略地位十分重要，余东不仅是一座商业集镇，更是军事重镇，因此，早期余东的街巷形态更多地出于军事防守的需要。首先，其大街两端虽正对城门，却不取直线而呈曲线，站在街上任何一处，都不能望到远处，这样倭寇即使攻破城门，也不敢长驱直入，而防守方却可以隐蔽自身，阻击敌人。其次，余东是个弹丸小城，东西南北间均不足1公里，却小巷密布，当然这不仅是为了居民生活之需，而且是出于战争之备。守城军民可以利用熟悉地形的优势，灵活机动地和敌人进行巷战。在冷兵器时代，这种战术上的优势显而易见。余东巷子有"蜈蚣街"之称，正形象地反映了它的军事防御特征。

当然，随着后来倭寇被剿灭，战事平息，余东城也失去了它的军事防御作用。随着古镇生活形态的不断发展和丰富，早先的小巷改变了它的功能，主要为了居民生活和商业活动所需，从而形成了众多饶有趣味的古巷名称。

20世纪50年代，余东有上百条巷子，诸如染布店巷、地盘场巷、庙后巷、三步楼巷、双泵池巷、大夫第巷、程家巷、码子店巷、过街坊巷、石牌楼巷、典当巷、盐滩巷、香店巷、丝线作巷、庙前巷、大烟灯巷、铁店巷、灯笼店巷、轿行巷、戥秤巷、野大门堂巷、二分校巷、乐校巷、茅司屋巷，以及保家巷、宋家巷、姜家巷、梁家巷等。

凤城的每一条古巷内都有几个传奇故事常为人津津乐道：十八弯巷内有明代礼部右侍郎崔桐的故居，巷内还流传着"鲤鱼跳上船，相公必定中状元"等许多故事；堂子巷有刘兰芬与清代场官创办白玉池的典故；二团巷内见证了余东钱粮房剥削贫苦佃户的残酷事实；逢德巷内姜逢汉（西）医师在20世纪30年代为红十四军首长黄火青救治枪伤的典故；保家巷更有蒙古族人自宋末元初逃难至余东后的八九百年来，与汉族人和睦相处、民族大团结的传说……还有明代一进士居住、百姓不敢惹的太岁巷，以及满巷家家都敬香供奉的（狐）大仙巷，仇家香店与一茅厕隔巷毗邻、香臭不相容的对头巷，张福福与邻家山头仅半人可行的夹饼弄巷。从街心一眼就能见到城隍庙河的庙河巷，人人不愿到的药店巷，个个唾弃的野鸡巷，以及一条人人必去的财神堂巷……

如今，余东仍有20多条巷子，还保留着原来的巷名，行走其间，可以感受其悠深和古朴。

三、老店号寻痕

走在石板街上，街两边的门板呈现着旧日店面的痕迹，门前多了打滑的草苔，屋上的瓦楞花已枯萎，房子亦已斑驳陆离。此种景象勾起人们对当年余东商业景象的怀想。

余东自明洪武年间（1368—1398）建城后，徽商首先进入余东，接着江、浙、皖等各地商贾人士亦纷至沓来，在此设摊摆点与开店。到明正统年间（1436—1449），城内店房

震丰恒布庄

已鳞次栉比，市场日趋昌盛，城中还新辟了新街，到清代城南又拓展了东西大街和城南街，城北街外也增添了一条东西大街。至民国初，两里路长的南北大街和城南城北的两条东西大街上，大大小小的店面一家挨着一家，三百六十行，行行都不缺。

余东最大的店，当数绍兴人吴四开的信昌号，在通东名闻遐迩。四个门面，平日顾客川流不息，门庭若市，店内可站上百人。其次是安徽人程少梅家的太和斋也很繁荣。另外李同顺、恒昌、姜大顺、张永泰、恒泰、公大、叶大昌、大丰、乾昌源、江永利、东天吉、梁万利、宋利春、永泰昌等南北杂货京广货店等也生意兴隆。要做好衣衫可到宋裕源、宋裕昶、震丰恒、乾丰泰、群益、张复茂等绸布庄；土布可到陈庆泰、孙裕泰衣庄；有几爿老店在明代就出口"芙蓉衫、芙蓉巾"到东南亚各国。

茶叶店要数安徽人开的洪新顺、方义兴，茶叶大多从老家安徽进货。他们同时还经营草席，尤其是结婚用的和合席，都是自己精心制作的，这是余东的独创，后逐渐普及。余东的茶楼、酒肆遍及街头街尾街中心，品泉居、李义和、崔家茶社都有知名度，鸣凤楼、春生阁、老庆源、裕新楼、中华园、广福园、广居园都是老牌子，更有卫生和、周裕昌、王永茂、三义茂、江广懋、厚生昌等百年老店，和立本、桂生、陈家等酒店大多生意兴隆，宾朋满座。尤其是三义茂李连生烧的红烧羊肉线粉，更是通东一绝，大冷天四乡八镇也有人赶来吃一碗。米行有南三泰、北三泰、张天吉、江隆兴、张元吉、张隆茂、丁达丰等，服务态度好，一升二升照卖，一斗两斗送货上门。余东的大店还有王福隆、范福泰、同成泰、赵大顺、福顺成等，砖瓦石灰行的同成泰，江海记、张福和等花行，李同顺糟房。更有江家开的盐店，方家开的大咸官盐栈，以及施家开的同兴泰桐油宝号。

余东的茶食业亦很兴旺。江炳洪的手艺最好,广丰也是叫得响的茶食店,宋鼎大、陈万春都较有名,特别是李福兴号饺儿是进贡明嘉靖皇帝的茶点。湖广老大张永生的馄饨皮薄馅实,香味四溢,张福福的馄饨又别有一番风味。俞、殷、陈、许、江、王、赵家的大饼店中,要数江海成家祖传的擦酥饼最好,甜咸入味又夹香。还有老钱记的糖粥、江桂生家的桂花圆子、"城隍娘娘"的焙酥豆、江广懋的炒田螺、蔡家的烘山芋……应时小吃令人陶醉。

余东酱油店有范福盛、范福泰、王福兴、王聚兴等多家,何达通、何信通、袁四海的旧货糖坊与高家两爿糖坊(作)都是余东的名店,更有邱之和、陈隆兴、江同兴、钱永鑫号染坊分布老街四面,最有名的曹裕兴染坊在清朝中期就迁往二甲镇,成了二甲镇印染业的开拓者。余东的铁店,一句俗语就概括了:"奚万兴的斧凿、华太和的刀、庄宝记的钉耙、冯万和的锹。"还有张万兴与江家铁店,陈瑞琪、马武等几家铜匠(修理)店,冯志元、冯志良、王洪山、张圣九、高汉桃等锡匠店手艺非凡,除做祭祀用品外,每年作为姑娘嫁妆的锡器都出自他们的手。

王聚兴酱园

郭利茂银楼

　　郭利茂、何永茂、宋利源、王永兴等银楼银铺，竖在柜台上的金字招牌，比任何人家的都高，都是几百年的老店。吉太昌、王和丰、葛兰明、姜乾泰等丝线作坊，都有从蚕茧抽丝直到成线、染色一条龙到底的本事。刘宝如、何海山等几家画铺除了画紫薇星、关帝、观音菩萨中堂外，还画三代图与五代图；曹家的祥记书铺，潘家的守方德记等都是学生用品的文具店，张家幼岩、小岩兄弟俩是苏派刻字，而江毓则是通派刻章好手。陆家宝洪、曹家益清与江家毓记印刷厂和东街码纸店，以及石港搬来的韩姓石印店，都为余东文化增色。张正大是余东的唯一一家鞋帽店，刘、梁、庄等绱鞋匠人分布在镇的四面八方。张八斤、俞和记、王章培几家水果店，江和泰、江永盛、江永兴等鲜鱼行还兼营海八鲜，徐合顺、陈义兴等几爿肉店，江六斤、蔡桃元、张状金等几家糖店糖担与糖摊，都是小朋友的猎食对象。瑞成、逢春等皮货行不但收购羊毛、黄鼠狼皮，还收獾子皮、野兔皮等，虽然只收一个冬季，可足够一年的开支还有盈余。

　　余东的药店遍布全街，顺寿堂、延龄堂、延寿堂、顺德堂、益寿堂、广和堂、三余堂、万岁堂，还有南仁寿、北仁寿堂等10多家，中药材齐全，有几爿大药店还专门有医师坐堂。余东的医师有程济曾，他是南通地区著名的老中医，专治各种疑难杂症，其徒陶厚庵医师在海门境内亦是赫赫有名；张海涵、陆吉桃、王士豪等中医都各有特长；尤其是原在北洋军阀内的军医姜逢汉，在余东开了爿"逢德医院"，名震四乡八镇。1930年年初，黄火青同志（后任中顾委常委）从上海到通东来领导中国工农红军第十四军时，不幸中弹，依靠姜逢汉的外科手术救治而愈。余东还有张津记、王其明与宋、庄、江等好几家镶牙店和小手工业店，如林镜记、金利源、金裕记、姜福昌、庄福顺、王福兴等竹厂和孙明寿家箩饰店，丁、杨几家小车行和（吴）鸿飞车行。婚丧喜庆方面的店家就有高桂山家的轿行，蔡桃元家的黄包车，高万新灯笼店，褚家的吹鼓手，黄达丰鞭炮作坊，恒裕昌、童福顺、义生利等宝号。除了（江）维新、（瞿）元大、（陈）福记等木行外，还有两家四门店（即棺材店）。余东的神香业要数严裕隆、江隆春、张永茂等香店大，还有朱鼎丰、毛家等十几爿亦有一定规模。余东还有利民（江）、明星（潘）、光明（江）、芝记及王家照相馆。余东的泰安客栈、东洲旅馆、张义记、李福记旅馆，都在旅客中有较高的信誉。

　　由于余东有城内城外各10庙，庙多香店也多，因此还有朱鼎新、朱兴隆、福兴隆、马新顺、兴隆顺、仇福兴、张隆兴、严隆兴和刘宗宗、韩雪桃、邢德如、王恒昌、赵雪江、雪山的香店。商店中还有恒大、义生祥等亦是大店。茶楼中还有梁广桃、梁广金及马昌两家。陆扣的铁店、周家的肉店、曹家的鞋店、存德堂药店及赵春潮的文具店也颇有名望，张德记石灰行更有名声。

　　陈三山、曹溺富等茶食店也名闻遐迩，尤其是宋鼎大的宋福康及仇家的仇鹤鸣两位老师傅做的脆饼是有名的18层。他俩还是抗日战争与解放战争时期的中共地下联络员，余东敌人的活动情报，都是由他俩将其藏在脆饼担子里，送到土地堂蔡家药店的地下交通站。他俩都先后被敌人抓去过,打得皮开肉绽,脚筋打断了也没招出来,保护了中共的地下工作者。

还有毛同兴、邵四家的皮货行也颇有名气,凌对清、凌双寿及大烟龙的糖担子是孩子们最爱光顾的。俞金记(波)、俞银记(波)及杨金生、张允卿、陆宝昌等司秤草行,秤砣一撸,就能报出多少斤多少钱,不差分毫。还有姜鑫记秤店,邢金生、谢良补锅、补碗,四乡八镇的人都要寻他们,所以他们的生意最兴隆。余东的地盘场就有18家。他们在量米号升中都有非凡的手头功夫,一斗麦可以量出一斗一,也可量成九升还缺一。价格都是兆语(即暗话),最终吃亏的当然是乡下人。不过也有两家有过硬招牌的,不扣斤少两,但是已随斛斗升合的消失而被人们遗忘了。

如今,老店号早已停业,但它们的门面大多还在,如果有兴趣的话,在当地找个老者,还可以一一指认,并讲述它们曾经的故事。

四、大门堂

大门堂是通东民居的一种传统标志。

大门堂是个统称,它有大门堂、野大门堂、大门与里弄大门等几种。

余东曾有大门堂108座,其中63座是上规格的(即含有二门或堂间式的),6座虽有门堂,但是不装大门的野大门堂,12座属于里巷进出口,有门而不关的里巷大门,另有27座系独

大门堂

大门堂

家独户的大门（只有三架头、同样有门，但无进深二门的）。在这么多大门堂中，其中有2座为进士府第，11座贡生、监生府，28座秀才府（其中3家为武秀才府），8座有皇帝圣旨的旌表，4座贡生、7座贡监的匾额竖挂在二门上。

　　这些人家大多为四合院，大门进去有二门，上挂皇匾，下有两扇衬门和对合门，为平时所开，旧时小姐大门不出、二门不迈，就是这个地方，最多到这里。临门有堵照壁墙，上有"二龙盘珠"（即自称宝地），或"双鱼戏水"（即自称活地），中有"鸿禧"或"福"字方形嵌联。这样，平时见不到里面的建筑与活动的人，要待你再进园门里或又一围墙大门里，才能见到满地青砖铺设的花纹路面与小天井，然后才见到"一进三堂"或"一进五堂"。与大门堂平行的朝北屋大多是做保卫的人（即家奴）住，东关厢为厨房、草房与男佣住房，西关厢大多为仓库与女佣住房，靠西北角是厕所，最后围墙中有一后门，一为消防逃生，二为出粪使用。东、西关厢房前与"一进几堂"的两边山头，各有一条"火巷"（即消防通道），一般为佣人进出来往之路。而"一进几堂"的后进，必定比前一进的高20厘米或53厘米,形成"步步高"的梯形建筑群。

这些人家的大门堂门槛高可盈尺(普通人家一般为12、20、26厘米),门檐砌有砖雕,两边还砌有凹凸不等的大小方棱形,塑有"灰雕"人物或鸟兽,以显美观。至于大门高低宽窄都按自己的门第高低而定(包括台阶一、三、五等),两扇黑漆大门油光锃亮,中间都有一副红底黑字的对联,如

余东民居

王姓用"三槐门第、两晋家声",姜姓用"天水世第、通渭家声",张姓则用"百忍世泽长、怀德家声远",余东尚有程姓"儒宗世泽、理学家声"的大门楹联存世,以显示其家族门第。大门中还配上一对铜制的铺首和神兽齿御门环,显得十分威严。大门槛前有青石(或麻石)横卧,阶石两端前有"松鹤延年"、"鹤鹿同春"、"凤穿牡丹"等雕花石鼓或石座。官宦之家更有一对品级石狮雄居大门左右。旧居家门就是如此,它既是镇宅宝物又显赫威严。

平民百姓家庭用的只有小门楼(即围墙上的道士帽式门),虽同样上有正脊、帽子尾、门簪、门枕石等,但显得地位低下。

如今的余东,尚存完整的大门堂不足10座,但门上鲜红的春联与斑驳的墙体形成鲜明的对照,显示出古镇人家传统的审美情趣和对幸福生活的追求。

五、城楼遗址

余东镇古时南濒长江，后枕范公堤，左滨黄海，右达州府，历来是通东重镇，水陆要衢。曾建有完整的城池。

清代乾隆三十三年（1768）一场大水，城墙毁，而四座城楼岿然不动，雄居于江海之间，历五百余年。可惜战火无情，人祸不断，城楼一毁再毁，幸存的一座南楼直至"文革"后期也被拆除。

余东城呈长方形，东西375米，南北475米，城周长1 700米，向有"一里路的长街，三里半长的城"之说。城高9.3米、宽11米，建有东西南北四城门，人们常以"余东有四门，通州无北门"而自豪。四座城楼中东城楼最高，有三层，可以远眺黄海，极目长江，瞭望敌情，名"镇海楼"，其余三楼均为两层，城楼上建有城垛、驻军的营房以及报警设施，城前各设吊桥一座，利用运盐河开掘的护城河环绕四周。城门为拱形门洞，南门为拒敌还采用了双门。余东如今城河依旧，街巷未变，但已难睹城楼雄姿。

关于余东建城，当地还有个传说：明代嘉靖年间（1522—1566）余东出了个武进士姜锦球，虽然武艺高强，但进入官场后成了奸臣严嵩的门生。余东城是姜锦球奏请皇帝才批准兴建的，原规划是砖城。在建城过程中，严嵩倒台，姜锦球受株连，运砖的船工趁机调向将城砖运到如皋，建了如皋城，因此，余东城除城楼及其两侧外，大部分城墙成了土城。民间传闻固不足信，但作为乡土文化，倒也值得一说。

如今，余东南城楼和北城楼遗址仍在，北城楼东侧还残留一段城墙的土堆，地势明显高出四周。北城楼是兵家必争之地，余东历次发生的战争中北城楼都是争夺的重点。红十四军、新四军、解放军进攻余东都从北城攻入，城外护城河上的桥上依然可看到累累弹痕。古代余东东侧靠海,所以东城楼建得最高,可以瞭望,防止倭寇侵扰。抗战前夕,东城楼曾作为民众教育馆并开展大卖雪耻布的活动。南门遗址正在重建城楼,不久,将可以看到一座修旧如旧的城楼重新矗立在余东古镇,凤城雄姿将重现。

南城楼

六、城河与城桥

余东的城墙虽已不复存在,然而城河依旧,如玉带般环绕古镇。沿河树影横斜,蓬蒿丛生。余东的护城河实际上是运盐河的一段。南宋咸淳五年(1269),两淮制置使李庭芝发动民众始掘自通州经金沙至余庆的运盐河。明代成化二十年(1484),巡盐御史李孟旸将运盐河延伸至海门吕四场。在余东建城时,在城西引出运盐河,环绕古镇,使其同时成为余东的护城河。如今,除南城河的河道于1972年填河改路外,其余东西北三面依然城河相拥,而且河面开阔,沿河青砖黛瓦,风貌依旧。

说起护城河,还有一个有趣的故事。传说在开掘南城河

余东城河

时,日里挖,夜里停工,到天亮一看仍是一片平地,多少天过去,天天如此,一无所成。这时来了一位叫白芝洲的老道,他说城南是凤颈,开河岂不要断了凤凰的颈,所以挖不成。他又教了个破法,命挖河人到晚上将锹插至开挖处,到第二天天亮一看满河血水,凤颈被割断了,河开成了,但风水破了,本来余东有朝中百官的运道,现在仅剩下三斗三升芝麻官的小运了。

保安桥

保安桥碑刻(清乾隆年间)

护城河原来有6座桥,据明代的余东场图标示,南门为文星桥,东门为文鼎桥,西门为保安桥,北门为泰安桥,南城河东西两侧还有文德桥和无名的小石桥。如今,保安桥和泰安桥还在,其余都已拆除了。

保安桥位于西城河上,初建于明代,清代乾隆四年(1739)重建,它是海门境内现存的保存得最好的古石桥。桥中间宽4米,桥长24米,原是石拱桥,桥栏上曾有几对石狮。后改成平桥,外观有了很大改变,但基座仍是原样,在麻石堆砌的桥墩上,依然可见"乾隆"字样的石碑。

泰安桥位于北城河上,又名北高桥、百灵桥。该桥建于明嘉靖二十四年(1545),桥宽3.3米、长23米。桥上石柱上方蹲伏8只石狮。由于泰安桥屡经炮火洗礼,桥上仅存的一只石狮也被炮弹削去一半。1965年重修时,为纪念解放军从此桥进城,故改名为胜利桥。

泰安桥

泰安桥下有个石条砌就的码头,相传明代海门才子崔桐就是在此上船,赴京赶考,其妻百灵送到河边。船正要开出,一条鲤鱼忽从水中跳上船,崔桐妻说道:"鲤鱼跳上船,相公必定中状元。"后来崔桐果然高中,中了第三名,虽离状元还差一截,但余东人至今仍称其"崔状元"。泰安桥也一度被称为"百灵桥"。

崔桐是海门人,家在余东南面的海门县城礼安乡,当时运盐河是海门通往外界的唯一交通要道,因而,崔桐走出海门,走向京城,必然选择从余东登船,因此,这个民间传说应该有比较可靠的生活依据。

七、旧民居

余东古镇区范围不算大,面积仅0.89平方公里,只能算袖珍古城,然而,在这小小的空间中,百年以上的旧民居比比皆是,许多还是明清建筑,阮仪三教授曾率学生来余东考察,对一个江北沿海小镇能集中保存众多的明清民居建筑给予高度评价,他说:"这是周庄、同里不曾有的历史文化见证。"

余东的民居具有过渡性的特征,兼受南北民居技法的影响,概括为"浅进深,宽开间,合院组合单层房;穿斗式、抬梁式、框架木构立贴墙;蝴蝶瓦、青砖墙,双坡屋面亮堂房;东西屋、南北房,家家都有大门堂;瘦立柱、胖月梁,木柱础中有名堂;燕尾博、龙头脊,考究就加挑檐枋;浅木刻,镂木雕,亦有砖雕灰塑傍"。重要的民居建筑有:

1．武进士故居。武进士名姜锦球,明代嘉靖年间(1522—1566)考中武进士。传说嘉靖皇帝召姜锦球上殿,见姜锦球长得熊腰虎背,十分壮实,便夸赞道"好一头牛",并有意赏赐,便问姜锦球要什么。姜锦球回答:"我愿做皇上一头牛,皇上给我一根绳就够了。"嘉靖皇帝听错了,以为是要"一座城",便爽快地答应"好,朕就赐你一座城"。于是,余东就建起了城。后来姜锦球投靠严嵩,成了严嵩的门生,被人唾弃,因此此人名不见传,只在民间口头流传。姜锦球故居位于北城门东侧,人称"进士府",曾显赫一时,进士府原来前后五进,有五座大门堂,房屋众多,有"姜半街"之称。严嵩倒台后,他也受到株连,以欺君之罪被诛之,至今余东仍流传着"腰折姜锦球"的故事,其故居现仅保留三间老房,中间与东间仍是明代建筑,为抬梁式与穿斗式相结合的结构,屋梁雕饰明显为明代风格。

武进士故居梁架

武进士故居

2．郭利茂银楼。位于老街南端与南楼西弄相交处,该楼坐西朝东,高二层,三开间,砖木结构,顶为卷棚式,门墙为"观音斗"风火墙,体现出徽派建筑特色。郭利茂为徽州人,于清代嘉庆年间(1796—1820)来到余东经商,开设银楼。此楼已有近200年历史,郭氏世代在此经营银饰品的打造,其后人依然经营旧业,沿用原来的店号。在郭利茂银楼西侧,原是盐商客栈,现存大门堂、厢房和堂屋,再向西为宋姓住宅,前后两进,有大门堂、厢房和堂屋,均为清代所建。这三处民居组成了南楼西弄清代建筑群,集中体现了余东清代民居建筑的特色。

3．程氏宅院。位于南城楼西南侧,现在的余东镇解放路59号。程氏祖先于明代由安徽迁至余东,开设太和斋茶食店。现在的建筑修于清代中后期,东南侧为大门堂,大门堂

程氏宅院大门堂

程氏大门堂瓦塑

门槛高可盈尺,门檐砌有砖雕饰以人物或鸟兽,大门槛有青石横卧,阶石两侧有"松鹤延年"、"鹤鹿同春"、"凤穿牡丹"等雕花石座。两扇黑漆大门有"儒宗世泽,理学家声"红底黑字对联。

大夫第宅院

大夫第宅院前客厅

4. 大夫第宅院。位于程氏宅院后侧,始建于明代,是程氏祖先从僧人手上购得,于清代重修,前后两进,两侧厢房,东南侧为大门堂。宅院第一进三开间,中为客厅,西侧为书房。第二进是"明三暗四"的大堂,摆布十分阔气,屋梁雕饰,格子门窗,因程氏祖先通过当时衙门为宅院制作了一块"大夫第"匾额,故称大夫第宅院。大夫第宅院与前面的程氏宅院联为一个整体,是余东也是通东地区的代表性民居。

5. 范氏宅院。位于西城门南侧,系盐商范少卿的故居。范少卿,祖籍安徽,明代迁至余东,以"手捧水烟管,不岔山海经"的理念在余东经营盐业,生意十分兴隆,收入颇丰,其故居规模宏大,体现了余东盐业盛极一时的历史。后来,因范氏后人兄弟分家或迁往外地而将房屋出售,现仅存东西堂屋各三间及西厢房一排一间,并有宽阔的院落,现有建筑装饰考究,雕刻精细,呈现清代早期的徽派风格。

范氏宅院梁架

范氏宅院

范氏宅院天花板

6. 震丰恒布庄。位于老街中段,建于清末民初,为二层木楼,底层3间为店面,"观音斗"硬山墙,在古镇的老街上显得十分醒目。震丰恒布庄又称姚氏布庄,旧时生意兴隆,销路很广。第一次国内革命战争时期,曾为北伐军驻地,抗战时期,一度被日伪军所占,设立镇公所。从此,商店停业,日渐衰落,此后再未重新开设布庄。但建筑依旧,显示出当年的兴盛。这是余东代表性的商业民居。

八、盐码头与盐仓库

清代盐码头

运盐河

盐仓库

余东因盐成邑,因盐兴镇,在明清时期盐业十分兴盛,清同治年间(1862—1874),余东及吕四、余西等场出产之盐以色白味咸而备受推崇,被列为淮盐之冠。清末民初,张謇在通东创立同仁泰盐业公司,所产精制盐获意大利万国博览会优等奖,为中国盐业获国际大奖之始。如今,余东的石板街较为完整地保留了一个因盐成邑的城镇体系,这里密布着盐仓、盐市、盐店、秤房、盐道、盐码头等盐业生产的建筑场地、设施,旧貌依然。

明代盐码头遗址

盐码头称"余东盐埠",位于西城河内侧,又称"西码头",明代所建,下用木桩固定,上用废旧石磨叠成台阶至岸上。现已废弃,但河坡和水下的石阶清晰可见。清代乾隆年间(1736—1795)修建保安桥时,将余下的石条在桥南又建一个新的盐码头,码头宽约2米,尚存10多级台阶,这个码头如今已作为居民的水桥使用。从盐码头上岸有好几座供盐商歇息的客栈,至今风貌依旧。前几年在盐码头附近发现一截残碑,内容为清朝皇帝颁发的严禁利用船只夹运私货、逃避税收的禁令,见证了盐码头的历史。

余东城内有个盐店巷,位于北大街西侧,自北大街至西城墙长205米,这里有余东建盐场后首家经营的"宝记盐店",故名。盐店巷巷口有一石碑,内容是朝廷禁止贩私盐,违者按律处罚的告示牌。在盐店巷后面原来有个规模很大的盐仓库,是余东场官方存放海盐所用,现仅存一段围墙,南北长30米,东西宽10余米,高2~3.5米,厚0.45米,属明代遗物。

盐店巷

钱粮房

仓库北侧，有个钱粮房，这是余东地区因地租征收米谷或折征银钱所在。明代，衙门为防倭寇侵犯，将盐场土地划归刘、江、何、姜四家管理，每家为一团，各团向衙门包干后，凡灶地、土地买卖契税和征收钱粮均由钱粮房操办，提成后解交场署衙门。抗战期间，钱粮房遭日军破坏，仅存一间成为历史的见证。

九、古 井

旧时余东有井两三百眼之多，曾被人们誉为"百井城"，1960年，曾逐家逐户测绘了一张镇区消防图，其时还有水井168眼，足见余东"百井城"名不虚传。

余东最有名的古井，当首推双井庄的一对鸳鸯井了。它是凤城的一对"凤眼"。据传，此两井乃黄巢起义时，一对青年男女从山东逃难至此开凿，他俩为人正直，善做好事，留下双井，于是后人就把此两井称为"鸳鸯井"。后来俞姓人家在此开辟私家花园，命名为"双井庄"，可惜在明嘉靖十七年（1538）的一次飓涛中双井被冲没，这两口古井也就消失了。

其次要数原盐店内的一口宋井。此井口径虽小，但深不见底，常年水清如镜，饮用时生津甘醇。由于此井在室内，2000年年初，住户将井填平，改作住房，这口宋井从此再无声息。另一口宋井在西城内。几十户人家常年汲水使用，"文革"中此井也填满成田了。

现存古井为一对明代留下的"姐妹井"。据传古时有一姐妹俩同时嫁到余东城内，居住在大街两侧，两家同时打了口井，大小式样完全一致，故称"姐妹井"。现在"姐妹井"依旧保持原貌，还在常年为民服务。虽然经历几百年沧桑，但仍水量充沛、水味醇美，天旱不干，大雨不溢，用它沏茶清冽爽口，常用此水洗脸，颜面不衰，还能消灾增寿，井旁一江氏老太活了整百岁。另有宋、梁、王、姜、崔、陈等家都有祖传古井留存。不过他们仅作淘米、洗菜、洗衣等一般杂用，饮用之水大多被自来水取代。旧时那种吊桶撞井圈、扁担吱咯响、号子哎唷喂，以及井旁妇女们的欢声笑语已不复存在了。

姐妹井（姐井）

姐妹井（妹井）

风物览胜

一、法光寺

法光寺原名东岳庙,东岳庙始建于明代末年,原是吴氏宗祠。那时,海门屡遭风潮侵袭,江水逼近余东城南。一天,随着江流漂来一段川木,这天正是农历三月廿八日民间传说的东岳大帝生日,当地人认为是东岳显灵,便将其打捞上岸,雕刻成东岳神像,以求保佑。东岳神像高约丈余,竟然难以从城门抬进,便用绳索吊过城墙,供奉于吴氏宗祠。之

东岳庙正殿旧照

法光寺

后,又在后殿供起地藏菩萨,东西配殿安放十殿阎罗,吴氏祠堂逐渐演变为东岳庙。庙内三进两院,供奉大小菩萨500多尊。说来也是凑巧,自从东岳大帝在余东城内安家后,江水居然未再北犯,反而逐渐涨沙成陆,于是东岳庙名声大振,东至吕四,西至南通,北至掘港,人们纷纷远道而来拜谒。东岳庙素有"小狼山"之称,数百年来香火不断。直至抗战爆发,兵荒马乱,东岳庙才渐趋冷落。

东岳庙是海门现存唯一的明代古迹,1986年公布为海门市文物保护单位。经多次修缮,东岳庙佛日重辉,1992年改称法光寺,成为海门一处佛教圣地。法光寺规模宏大,金碧辉煌,从山门向里,依次建有天王殿、大雄宝殿、藏经楼,两侧建有僧僚楼、念佛楼,殿后亭台楼阁,风光优美,是来余东的游客必到之处。

山门前一对石狮,原置放于城隍庙前,乃清代遗物。而门后的一对门镇石则是典型的明代石雕,其上刻有狮子戏绣球,体现了古代工匠高超的技艺,是难得的石雕艺术品。

天王殿即原来的东岳庙正殿，为单檐歇山式建筑，殿内4根金柱下安覆盆式柱础，此乃明代遗构。现大殿正面依然供奉东岳大帝塑像，东岳大帝是道教所奉的泰山神，被列为五岳神之尊。传说"东岳泰山君领群神五千九百人，主治死生，百鬼之主神也"。神像为20世纪80年代新塑，其头顶皇冠，面目慈祥，赋予了更多的人情味和亲近感。两侧为佛教中的护法神四大天王。东岳大帝身后为大圣菩萨坐像，大圣原为西域一僧伽，唐代时南游江淮，为民医病治水，深受民众爱戴，死后立庙纪念。江淮一带多供奉大圣，南通狼山就是因大圣菩萨而著名。这种佛道合一的布局体现了通东地区宗教文化的传统特色，也反映了从祠堂—东岳庙—法光寺的沿革轨迹。神，实际上源于人。人们用自己的想象创造了神，而神以精神魅力吸引着人，当人们把自己的情感投射到神的形象上时，就会对人生产生更多的思考和感悟。

　　正殿后是气势恢宏的大雄宝殿，其为重檐歇山式建筑。大殿迎面供奉释迦牟尼像，释迦牟尼原是一位真实的人物，意即释迦族的圣人，是古代印度迦毗罗卫国净饭王的儿子。他放弃王位，潜心修炼，云游四方，讲经传教，成为佛教的创始人。其塑像身后北侧是一位顶天立地的千手观音像，观音在民间家喻户晓，在宋代已有"家家供观音"的说法。观音据说是阿弥陀佛之子，原为男相，传入中国后，演变为一位善良慈祥的平民女性形象，走进了千家万户，成为幸福生活的保护神。观音可以变化各种形象，传说她发誓要普度众生，于是长出千手千眼。大雄宝殿两侧还供奉十八罗汉塑像，神态各异，犹如真人。佛教认为，教徒修行到最高成就者，便可获"阿罗汉"果位，"阿罗汉"简称"罗汉"，所谓"修成正果"便源于此。

　　大雄宝殿后面是藏经楼，这是二层歇山式建筑，底楼静卧着缅甸佛学界赠送的释迦牟尼玉佛，楼上珍藏着中国台湾佛陀协会所赠的《大藏经》一百卷,堪称镇寺之宝。这一切,见证着中外佛教界交流和海峡两岸的宗教文化交流,实为法光寺之盛事。

二、芙蓉池

从藏经楼东侧向北,顿觉别有洞天,眼前花木葱茏,碧波涟涟,曲桥临波,亭阁映水,似乎是苏州园林的再现。它以水面为中心,四周绕以长廊,营造了一片宁静清幽的意境。它有个优美的名称——芙蓉池,因生产闻名中外的芙蓉布而得名。曾任江苏省博物馆学会副理事长的著名文博、民俗学家穆烜先生在考察芙蓉池后说:"如果说南通近代纺织业的中心在南通市区,那么,南通古代纺织业的中心就是在这里。"池边的石碑记载了这段余东人引为自豪的历史。

芙蓉池

据史料记载,明代南通土布生产鼎盛,尤以余东场之芙蓉汗衫及芙蓉手巾最为出色,因其东城楼边芙蓉池所沤芙蓉皮制成的里服,既敛汗又无沤臭味,而且香气四溢。凤城姑娘心灵手巧,制作了以木芙蓉皮代麻兼用苎麻丝捻织成细密的高档汗衫,十分珍贵,因一衫值数十饼金而颇负盛名,曾作为朝廷贡品,还曾销往关外,远至东南亚各国。明清两代《通州志》载:"用苎麻织成之,出余东镇者为佳。""手巾之出余东者,最驰名。"芙蓉衫、芙蓉巾曾成为古代余东的品牌。清代嘉庆、道光年间,余东人又以苎麻染成淡红色,肖芙蓉花样来美化和提高这一工艺,使之红极一时。

　　清末民初后,因连年兵燹,经济萧条,机织出口日趋凋敝败落。芙蓉布工艺如今已失传,但芙蓉池仍在,成为南通地区纺织业发展史的重要见证。

三、地藏殿

　　地藏殿原是东岳庙的后殿,东岳庙经整修改名为法光寺后,地藏殿便移至此处。它由正殿和东西配殿组成,正殿供奉地藏菩萨、丰都大帝以及东岳大帝。地藏菩萨与文殊菩萨、普贤菩萨、观音菩萨同被尊为佛教四大菩萨。地藏菩萨原本是印度佛教史上的大乘菩萨之一。后朝鲜半岛南部的古新罗

东岳庙后殿旧照

国王族子弟金氏出家后,于唐玄宗时来到中国九华山修行求法,法号地藏,人称"金地藏",居山数十年圆寂后肉身不坏,被僧俗视为地藏菩萨应化身,所以九华山成为地藏菩萨的道场。传说地藏统辖冥府十殿阎王,总理检察人间善恶。地藏成道日是农历七月卅日,是日,民间有烧地藏香与出"盂兰盆会"的习俗。丰都大帝是道教供奉的神仙,传说主管丰都地狱,负责处理阴间事务。两侧配殿安放的十殿阎王,分别为秦广王、初江王、宋帝王、伍官王、阎罗王、变成王、泰山王、平等王、都市王、五通轮转王。地藏殿再现了中国神话中的地狱世界,实际上是现实世界的映射,给人以某种警示。

地藏殿

四、文昌阁

东岳庙西侧有一建筑如大鹏展翅,信步走去,更感到文风习习,扑面而来,那就是文昌阁,也是余东镇历代文运昌盛的重要标志,其历史可追溯到明代。

文昌阁历史上也叫文昌宫,供奉文曲星、孔子和朱熹的

文昌阁

塑像。文昌阁始建于明代,据《张氏宗谱》载,文昌宫是由张氏第九代先祖张文先创建,"东城之文昌宫,公所创建,至今犹称道之,又于文昌宫楼前环澹一池,纳泉莳荷于其中,名曰'芙蓉池',为暇时游观之所"。

1942年发大水,城外戴青山要坝决口,为阻洪水灌城,情急之下不得不将文昌宫与场署衙门拆掉去填塞要坝,历时400年的文昌宫从此消失。

世事沧桑,昔日的盛衰皆成历史。为了弘扬优秀文化传统,余东镇于2001年在原址重建文昌阁。现文昌阁仿苏州三清殿前的文昌阁而建,殿内供奉孔子、朱熹、文昌帝君塑像,四壁布置书面作品,洋溢着浓厚的文化气息。

历代文昌宫多供奉文昌帝君和历代先贤。文昌帝君又称"文曲星",古代人认为他是吉星,能主宰功名禄位,元仁宗延祐三年(1316)将梓潼帝君封为"文昌帝君",二者合二为一。梓潼帝君是个传说人物,据说姓张名亚子,居四川梓潼县,晋时为官,后战死,时人立庙纪念,便逐渐演变为神。而孔子和朱熹则是中国历史上的真实人物。孔子是春秋末期的思想家、教育家,他致力于教育,创立儒家学说,成为中国传统文化的正统学说，历代都将其尊为圣人。朱熹是南宋著名的哲学家、教育家，集理学之大成，创立"程朱学派"，在明清两代被提高到儒学正宗的地位。历代读书人从求学应试到赶考功名，都要到文昌宫敬香参拜，祈求保佑。文昌宫也是文人聚会论诗作文的场所，其尊师重教、倡导文风的思想内涵至今有着积极的意义。"世上数百年大家无非积德，天下第一件好事还是读书"，殿前的一副楹联分明道出了文昌阁的宗旨。如今，文昌阁已作为余东群众文化活动的场所，经常举办演唱、展览活动。

五、崔桐故居

东岳庙西约百米，小巷深处有一人家，看似极普通的三间平房，门前的青石却折射出这户人家曾有过的风采，那就是世世代代余东人引为自豪的明代海门才子崔桐的旧居。

崔桐（1478—1556），字来凤，号东洲，海门人。祖父崔润做过湖广、郴州同知，治家极严。崔桐天资聪颖，年幼时即以"奇童"闻名乡里，9岁就能写出一手好文章。明正德十一年

崔桐故居

（1516）乡试中解元，第二年会试中进士，殿试又中探花，授翰林院编修。他刚正不阿，历经官场沉浮，官至礼部右侍郎，曾编修嘉靖《海门县志》，有诸多诗文问世。

崔桐故居门枕石

崔桐故居原在海门礼安乡的县城，位于余东城南。后因坍江而迁移，崔桐曾赋《庚辰岁归省感故里入江》诗："十年乡梦白云涯，归日残墟欲泛槎。野哭有人悲税役，春农无地种桑麻。鱼龙水阔通层汉，雁鹜烟深影断沙。心折不堪回皓首，啸歌酤酒醉渔家。"可见，崔桐在嘉靖十五年（1536）归乡省亲时故居已成鱼龙之地。礼安乡坍掉后，崔桐家人迁至余东等地。余东城内的旧居是其晚年回乡后的所居之处。在城西殷忠村，还有崔氏祖坟，崔桐墓碑20世纪50年代还在，后因平整土地而下落不明。

崔桐故居的现住户是崔桐第二十一世孙，原房屋由祖上所传，虽非豪华，却也宽敞，为四合院式民居，因年久失修，于十多年前翻建。故居虽已不存，但旧址尚在。

六、江村祖居

江村（1916—1944），原名江蕴端，著名的戏剧表演艺术家和诗人。原籍余东，其祖父于1912年迁至南通，江村便出生于南通。江村在省立南通中学读书时，正处于民族危机日益深重、各地救亡活动蓬勃兴起的抗日战争前夕，"一二·九"运动把南通的青年爱国运动推向了新的高潮，也促使江村投身艺术宣传工作。

1936年夏，江村高中毕业后考取南京国立剧专，剧校毕业后,江村和老演员魏鹤龄、谢添等一起从事戏剧的创作与表演,先后参加了《金田村起义》《雷雨》《日出》《阿Q正传》《虎符》《棠棣之花》等演出,经过丰富的舞台实践,江村的表演艺术达到新的高度,特别是江村在《北京人》这部戏中饰曾文清,受到社会各界的高度评价,周恩来总理曾多次谈到这次演出,特别赞赏了江村。1944年5月22日,江村英年早逝,重庆《新华日报》当晚刊出《悼念江村特辑》,著名文艺界人士郭沫若、阳翰笙、刘念渠、凤子、史东山、周峰、张苏等都发表了悼念江村的诗文。

江村祖居

江村故居内院

江村祖居位于余东镇解放路（老街）129号，现居住人江永久为江氏后人，临街为大门堂，进内有院落和住房三间，格子门窗，前有拔廊，院落铺就地砖，属清末建筑。

七、张氏私塾

张氏私塾原为张氏迁海门后的四世祖张成所建的张家祠堂，清末张氏后人张兰轩将之改建为私塾，因张兰轩为秀才，故当地人称之为"秀才府"，张謇先生经过余东时也曾到此讲学。

张氏私塾

张成，字九韶，号北海，崔桐老师，祖籍河北故城，明初"靖难之役"时，北方陷于战乱，其曾祖举家逃难迁至海门。张成从小才学出众，18岁就作为贡生被选送到国子监学习，回乡后从事教育，崔桐就是他的得意门生。张成还有一位学生叫钱铎，在崔桐考中探花后的第三年，也金榜题名考中进士。明嘉靖年间（1522—1566），海门旧县坍于长江，张成北迁至余东。张成去世后，崔桐、钱铎将他的文章诗赋结集刊印，名《北海遗稿》。

张成像

张成著作

张鸣鹤像

张鸣鹤著作

　　张成迁余东后世代在此繁衍，张氏私塾原为张氏祠堂改建。位于余东解放路91号，现存朝南屋三间，为穿斗式与抬梁式相结合的建筑，前置走廊和木栏，木雕精细，建筑考究，现仍由张氏后人居住。

八、戴青山

　　明嘉靖《海门县志》载有东山、戴青山、观音山、韩童山四座土山。戴青山就在余东城西，距城仅一里路，是古代余东的名胜，也是海门的名胜。

　　据载，戴青，明朝天顺四年（1460）生，卒于嘉靖二十四年（1545），原系京都名人之后，由于他看破仕途，淡于名利，在成化十六年（1480）来到余东场这个战争祸患不易波及的地区，择江海环域、流沙积年较久之地，请民工挑筑此山，并在山中建一庙宇，剃度为僧，过着"早晚一炉香、晨昏三叩首"、"日出田中耘、月升寺中经"的清逸生活。戴青僧在茶余饭后，常常装点此山。经过多年的打扮，此山成了"桃红柳绿李白蜡梅黄、松青柏翠玫瑰紫罗兰"的仙境。山上小道羊肠盘绕，石凳山亭、台明几净。登高一望，古城新庄，原野炊烟隐隐，江河碧波粼粼，桅樯点点。日落黄昏，晚霞似锦，分外妖娆，胜入仙境。

　　戴青和尚能诗善赋、爱棋喜画、健谈好客，引来不少科甲名人。他们登临山巅、俯视江海城池，即兴吟诗，留下了戴青山的名士风流。明嘉靖《海门县志》载有多首有关戴青山的诗作，明弘治元年（1488）邑人太学生王瑛在归隐前曾游戴青山，"青山江上闲烟草，古寺城隈抱野阴……"便是他留下的诗作。弘治十七年（1504）曾任郴州知县后升九江同知的姜辂游戴青山后亦赋诗："薰风吹绿草烟平，约伴登临订旧盟……"明正德九年（1514）先仕罗田县学教谕的崔见贤亦有"步履穷登顿，言就碧山河"。正德十五年（1520）曾任源江县学教谕、升山东衡府教授的李心松，还有同年科任刑部郎中、升肇庆知府，改郧阳、升广西副使的钱铎都有"曲径阴阴祇树林，偶来登眺惬幽寻"，"小试登山屐，悠然静俗喧"等大量诗作留世。

风物览胜

53

戴青山被淹没过,后来其徒静安僧在王灶河南复筑此山。以后,每到重阳节,余东人就有纸包重阳糕,手持重阳旗,去登高戴青山的旧俗,并沿承下来,现戴青山已平,遗址在现余东戴青山村。

红色记忆

一、通东第一个中共支部诞生地

1927年,"四·一二"反革命政变后,蒋介石在上海大肆搜捕、屠杀共产党人,党的活动随即转入地下,并由城市转向农村。7月,通东旅沪学生、共产党员俞海清、唐楚云、仇恒忠、汤慰宗等,受党组织的派遣,先后回到家乡开展建党活动。他们大多以小学校为阵地,在知识分子中培养和发展党员。

1928年4月,通东共产党小组改组为党支部,隶属中共南通县委领导,支委会由俞海清、仇恒忠、汤慰宗、仇建忠、汤林宗5人组成,俞海清任支部书记。支部活动地点常在二十五总俞海清家(今属海门市正余镇,当时属余东区),这是通东地区建立的第一个党支部。

随后党的组织迅速发展,上半年就建立了草蓬镇、岸头镇和二十五总3个党支部。1929年春,通东的余西、余东、三益、余中、三余五个区均建立区委。至1930年年初,通东五个区有69个党支部,894名党员。俞海清后任余东区委书记。

在党组织的领导下,组织农民开展年关斗争、秋收斗争,建立红军游击队,多次攻打汤家苴、余东、四甲坝地主老巢和国民党保安队。

1930年5月以后,红军和党的领导人秦超、俞海清、唐楚云、仇建忠等先后因战身亡,革命处于低潮。10月以后党组织停止了活动。

二、中国工农红军江苏第一大队成立纪念地

1930年2月,中共通海区委召开各县县委书记会议,按照省的第二次代表大会决议和省委指示,讨论了通海如泰地区的政治形势和工作路线。确定:发动游击战争,建立苏维埃政权,没收和分配地主的土地。会议还拟订了游击战争行动大纲。

2月6日,中共南通县委根据省委指示,在南通东乡草蓬镇(今属海门市四甲镇,当时属余东区)张海澄宅召开大会,正式宣布成立中国工农红军江苏第一大队。任命俞金秀为大队长,政治委员仇恒忠、李超时。大队下辖三个中队:一中队队长俞秀元,二中队队长何兰阶,三中队队长俞镜清。在成立大会上,有60多名青年报名参加红军。

大队成立后,相继成立各级士兵委员会,每天上政治课,出操训练。部队每到一个地方驻扎下来时,都派人站岗放哨。纪律严明,秋毫无犯。

红军的给养,主要从斗争和没收地主的粮食、财物来解决。有时向富裕农民征收,以补不足。

3月,改番号为中国工农红军第十四军第一支队,支队长刘廷杰,政委俞金秀,下辖两个大队:一大队队长吴力子,二大队队长陈宗恒。不久,一支队改为二师,师长秦超,政委兼参谋长黄火青,下辖三个营。

1930年10月,红军因战斗失利而解散。现在原址立有纪念碑。

三、红十四军三打汤家苴纪念地

第二次国内革命战争时期,活跃在通东地区的红军游击队和后来成立的中国工农红军第十四军二师,在敌强我弱的困难条件下,依靠广大群众,开展游击战争,先后三次攻打地主巢穴汤家苴,威震江海平原。

汤家苴位于余东城西北约5公里,南北长1 200多米,东西宽200米左右,四周有30米宽的深河环绕,筑有坚固的工事,是反动地主武器"白龙党"的巢穴。

1929年10月23日,通东红军游击队获悉汤家苴大地主汤廉臣去余东为嗣子采购结婚礼品的情报,便埋伏在王灶河北渡口,第二天上午10时许,出其不意地将汤廉臣擒获。在压力下,汤愿写信给汤勋臣等几个大地主,交出所有枪支以换取自己的性命。游击队即派何兰阶、杭五等3人到汤家苴与汤勋臣谈判,但遭拒绝,反而开枪打死红军谈判的随行人员。10月26日傍晚,通东红军游击队首次攻打汤家苴。打死打伤北围子的地主和狗腿子数人,烧毁房屋数十间,抄出的契据焚毁殆尽。南围子的敌人火力较强,战斗到第二天下午3时还未结束。为了保存实力,红军游击队主动撤出战斗,并将汤廉臣处死。

1930年2月5日深夜,北风呼啸,游击队第二次攻打汤家苴。战斗打响后,一部分战士开枪吸引迷惑敌人;另一部分战士利用夜色掩护,乘坐罱泥船渡过沟河,冲到南围子的高墙脚下,用打油榔头把围墙击穿,准备从墙洞往里冲,哪知敌人已将墙内的障碍物全部拆去,形成了一片开阔地带,红军只得撤出战斗。

根据上级指示,为了打击敌人的嚣张气焰,建立不久的红十四军二师党委和地方党组织举行联席会议,决定第三次攻打汤家苴。

5月20日清晨,西到三马路、西三甲,东到王灶河、小五总,各路游击队和群众数千人手持钉耙、铁搭、大刀、铁叉,沿路和红军会合,把汤家苴团团围住。战斗一打响,汤家苴周围的田野上,一片冲杀声。敌人惊慌失措,凭借工事,用机枪、步枪拼命向外射击。汤家苴北围子很快被攻下。就在这关键时刻,三余镇敌人增援部队赶到,阻击部队在二师师长秦超的指挥下,奋勇冲杀,因敌众我寡,秦超中弹受重伤。面对险恶的形势,红军决定撤出战斗。

三打汤家苴,虽然未能攻克,但震慑了敌人,充分显示了中共领导下的群众武装斗争的威力,有力地推动了通东地区的革命运动,极大地鼓舞了广大受苦受难的农民群众,在通海人民革命史上写下了光辉的一页。

四、民族英烈墓

1940年12月,新四军在粉碎国民党游击第六纵队司令徐承德部在掘港发动的叛乱后,陶勇率三纵七团乘胜追击徐承德部,于12月31日攻占余东镇。中午,日寇从金沙、三厂、四甲三路围来,包抄余东,妄图围歼七团,陶勇命一个加强排留下掩护大部队撤退。加强排战士坚守阵地,浴血奋战,拒敌于城外,坚守至傍晚,终因寡不敌众,全排37名战士全部壮烈牺牲。余东战斗是新四军东进海门地区的第一次战斗。

敌人撤走后,余东地下党组织群众将烈士遗体掩埋在城东龙须口。1945年秋,抗战胜利后,当地政府举行了隆重的追悼仪式,并将原立于城隍庙前的明代青石碑改为烈士墓碑,书写了"民族英烈墓"五个大字,移至墓地。1986年墓扩建重修,另立纪念碑(原墓碑置于东侧),背依运盐河,面临公路,正面是一座高高的台基,台基上是一座长方形墓身,台基后方是一座由韩念龙同志题写的"革命烈士永垂不朽"纪念碑。

民族英烈墓碑

五、余东的解放纪念碑

1948年5月21日晚,华中九分区八团和九团加上东南警卫团、富余区游击营,把余东镇敌人据点围个水泄不通。11时左右,解放军各种炮火向北街高楼和隐蔽的地堡猛烈开火,炮弹轰塌了城墙,摧毁了敌人的工事。在班长刘顺元带领下,泅渡强夺北街,很快攻入街内。正午时分,部队向敌人发起总攻。核心工事西围子在强大的炮火下,几乎全被摧毁。下午3时,八团十几挺机枪一齐开火,掩护突击队员出击。突击队员顺利地冲过了围沟,接近敌人前沿阵地时,敌人的机枪也叫了起来,突击队员同时扔出了手榴弹,顿时敌人的机枪哑了,部队随即冲了进去,有的敌人放下武器,举手投降；另有100余士兵顽强抵抗，并向西南逃窜，遭到设伏在西南角的八团某连战士迎头痛击，下午4时，战斗结束。

这次战斗，全歼国民党南通县十一、十二两个区公所，4个区自卫中队及吕四、六甲、包场等地自卫队共640余人，打死打伤南通县十二区区长严俊才、十一区区大队长朱永寿以下百余名，活捉十一区区长吴子嘉以下540多名，缴获小炮2门，马克辛机枪2挺，轻机枪20挺，汤姆4挺，掷弹筒4个，加拿大冲锋枪1支，步枪275支，短枪74支，卡宾枪3支，各种子弹35 000余发，马一匹，卡车4辆，收发报机、收音机各1台，电话机8架。

余东战斗全歼守敌，扫尽通东土顽，给敌人以歼灭性的打击，受到华中军区的嘉奖。至此，余东解放。

现于余东凤凰亭旁立有余东解放纪念碑。

民俗风情

一、余东土山

在余东城内城外,有许多人工堆砌的土山,历代往往在此造园建庙,以祈求平安,同时造景增势,补风水之不足,成为地方名胜和文化象征,并产生了一个个美丽的传说。

戴青山 在余东城西,由明代一个叫戴青的人所筑而得名。他于明成化十九年(1483)来到余东场,请民工挑筑此山,并在山脚下正南端建一庙宇,剃度为僧。经过多年营造,戴青山成了明代海门胜迹。明嘉靖二十四年(1545)八月的一次大风潮中,戴青山湮没于江,戴青和尚亦被海潮吞没而仙逝,享年85岁。幸存下来的静安,为了纪念戴青师傅又择地堆筑此山,仍建一庙宇。明嘉靖《海门县志》载:"戴青山,土山,在旧县西,僧戴青所筑,因此名,后没于江。其徒静安僧复筑于王灶境。"此山于1943年日寇侵占余东后遭破坏。1958年"大跃进"搞土地平整,戴青山夷为平地,现在只有村名仍在。

弥陀山 在余东城北二里多的沙滩上,原名"伽蓝山"。传说在明万历年间(1573—1619),东海龙宫逃出一只癞疤精,认为这里是修行的好地方,便将身上的毒浆排出,洒在所有的泓沟内。这里的百姓吃了此水,纷纷中毒而死。这时弥陀佛正好云游至此,佛眼一睁,见是癞疤精作祟,残害生灵,便落下云头,化成一个老者,手持拐杖,走进了荡主张邢柏的家门。而张邢柏亦已中毒,神志不清,卧病在床,弥陀佛随手给张邢柏从头到脚抹了过去,瞬间毒浆即从汗毛孔中渗出。张邢柏神志立即清醒,连忙跪谢救命之恩。弥陀佛说:"这里的河水都被癞疤精洒了毒浆,须重开河沟汲取新水,才能解救众人的性命。"说完用手朝地上一划,弥陀佛手划的地方都是封地,把个癞疤精团团封闭在此。弥陀佛举起木鱼朝癞疤精猛力敲去,癞疤精被敲得肚皮朝天,躺在那里。弥陀佛命张邢柏于周边挖河,将挖出的泥土全部堆在癞疤精身上,成了一座小山。张邢柏接着挑起担担新水,将滩上的一个个百姓都灌活。后来,人们就把压住癞疤精的泥山叫"弥陀山",并把这个村叫作"邢柏村"。

镇河山与定河山 相传余东建了凤城,可东海龙王却命小青龙到此骚扰,危害百姓。小青龙领命后即作起法来,暴雨从天倒下,潮水翻江倒海席卷而来。余东城外的奶奶率领百子迎战小青龙,斗了一百多个回合,百子们刀枪锤棒齐下,将小青龙两眼打突,奶奶赶紧将小青龙一根龙须揪住,接着百子们又将另一根龙须抓牢,小青龙只得保命舍须,使了个金蝉脱壳计,身子一缩,断了两根龙须。奶奶和百子们经过这场恶斗,道行用尽,不久便化成两座山墩,矗立在海边,被镇住的两根龙须就成了两条龙须口。据说,奶奶镇住的北须口就是现在正余镇盐河村的曹家园。百子们镇住的南须口就是现在余东镇龙须口村曹家坝。在这两个山墩上各建一庙,城北的叫奶奶庙,又叫镇河山,城东的叫百子堂,又叫定河山。

波罗山 在余东城东北角,仅是个平地略为隆起的小土山,其地形像大海的波罗(即海螺),所以名为波罗山。相传，波罗精经常从东海到此，看中了荡地的曹玉婵姑娘。他几次暗中将曹姑娘拖落水中，然后又特意将曹姑娘从水中救出，使她感恩，于是产生了爱慕之情。波罗精化作白面相公上门提亲，曹家父母答应了这门亲事。婚后，夫妻恩爱，还搭起了房子，添了个小孩。一天，龙王要差波罗监潮，才发现波罗已在人间成家立业。于是，下了一道龙旨：波罗自愿离海可以，但得还回贝壳。此后，波罗再无变化功能，只得安心在人间，脱下的贝壳便成一座小山，即波罗山。

太平山 在余东城东北，今包场镇河塘村。这里紧挨老皇岸，即沈公堤。有一次，北海大潮过后，渔民下海经过这里，发现一座高2米、青石雕成的观世音菩萨，浮海而来。人们连忙买香买烛来敬供，并筑土山供奉。因观音保一方平安，故称太平山。清道光《海门厅志》载："太平山在江场南，宋时有石佛浮海而至，土人筑此奉之。"现原址有太平山寺，并供观音石像。

二、芙蓉衫和芙蓉巾

清代通人李渔杉《望江南》咏道："通州好，工巧更谁过，镂空罩衫裁白苎，花团小帕迭香罗，妆阁竹簏多。"这首乡乐府透露出彼时海门兴仁镇、余东场等地已出现了苎麻制品的专业户。渔杉之子李少山，即清代扬州八怪之一的画家李方膺的曾侄孙，也有《竹枝词》可佐证："家住东川傍水滨，自来生女嫁比邻，朝沤白苎为衫子，夕来芙蓉作手巾。"在余东，苎麻制品更有其独到之处。

芙蓉汗衫。这是以木芙蓉皮代麻，与苎麻丝捻成线穿结成"细密如布"的高档汗衫，名贵得很。当时人说是"一衫有值数十饼金者"。南通诗人姜长卿有《崇川竹枝词》赞赏芙蓉汗衫："采得芙蓉擘作丝，丝丝织就汗衫儿。衫成密密同心结,郎为浓酬白苎词。"与此同等珍贵的还有"芙蓉手巾"。这两种由木芙蓉与苎麻混织的珍品源于余东场,"余东场东门楼畔芙蓉池,昔人沤苎及芙蓉皮其中,取制衫,巾不汗臭,以此池塘出者为佳品"。

"芙蓉巾"仅余东场有,成了余东的地方特产。"芙蓉巾"一律不对外发售,而由自己裁剪、缝制成汗衫一样的产品,名曰"芙蓉衫"。"芙蓉衫"远销至东南亚各地。此衫既敛汗而又不发臭,一件价数十饼金。清代嘉(庆)道(光)年间,余东人又特意用白苎麻缕染成淡红色,有芙蓉花样。至清末民初时战争频繁,人们惶惶不可终日,无意经营,这传统手艺湮灭,导致失传。

三、土布生产

余东的土布纺织始于元代,盛于清末民初。纺织土布系余东农村的主要家庭副业,亦是生活的主要来源之一,农村"以棉成布,以布易银,以银易粮",所以家家纺纱,户户织布,凡妇女人人都能"一朵棉花做到头"。

土布的布机有踏机和拉机两种。布机结构分为机床、扣、综、踏板、梭子等。其中踏机和综有二档、四档之分。纱分为经纱、纬纱(纬纱俗称游纱),直条为经纱,一上一下用梭子穿越在经纱之间的称为纬纱。

踏机主要用手扔梭子,将纬纱穿越在经纱之间。

拉机主要用拉动绳索,将操纵杆打击梭子,将纬纱上下穿越在经纱之间。

土布式样主要有蓝印花布、芦菲花布、蚂蚁布和彩印花布。

早年,余东有曹裕兴、邱久和、陈隆兴、江同兴、钱永鑫等染纺多处。他们的印染技术在通东闻名遐迩。清道光初年二甲坝（镇）刚兴商埠，曹家染布店便到二甲坝开埠，在那里开了爿"曹裕兴染坊"，成了二甲镇历史上最早的一爿店号，并传承至今。

蓝印花布，主要通过制图、刻板、防染方法制作的印染布，它蓝白相间，质朴美观，且又耐用，清白、文雅，既美观大方，又很有乡土气息，是当时余东人最喜爱的一种服饰。

蓝印花布，后来由老师傅设计剪出一些细小的花草树木、鸟兽鱼虫、亭桥山水等品种，后来又进一步拓展出刻制凤穿牡丹、丹凤朝阳、龙凤呈祥、鸳鸯戏水、喜鹊登梅、麒麟送子、八仙过海等图案。由于这些都是群众喜闻乐见的吉祥如意的花样，因而余东场的许多染布店长盛不衰。新中国成立后，染布店在合作化高潮时，一部分进了合作商业，另一部分组成了印染合作社，后来又逐步转了业。

芦菲花布是旧时余东人男女老少咸宜的自织土布，它是用蓝白两种纱与梭子上蓝白纱穿梭而成"鼎"形，即与芦菲相同的花样，故名"芦菲花布"。

蚂蚁布以淡蓝色为经线，深蓝色为纬纱，交织成深浅花纹，形似蚂蚁排阵，粗厚坚牢，不易磨损，常用来做裤子，酷似当今流行的牛仔裤。彩印花布，常被称为老被面子，主要印染有龙凤呈祥、牡丹富贵、蝙蝠等。过去姑娘出嫁，往往因能把色彩斑斓的印花布装满箱子而引为自豪。如今，大部分土布生产工艺已失传，但余东城内的曹裕兴染坊旧貌依然。

四、通东号子

通东号子是流行于通东地区的劳动号子，它源于劳动实践，其调子高亢激昂，悠扬婉转，朴实无华，妙趣横生，以丰富的内容、优美的旋律和强烈的感染力而深受当地人民

通东号子演唱

喜爱,直到如今,仍在余东广为流传。

相传,通东号子随着通东地区的形成和劳动人民的开拓围垦而形成。早期他们在筑堰防侵、夯实堤基时,往往有一嗓门高的人作为领唱,其他人为伴唱,先是"哼哟、嗨哟"起头,接着跟和"哼吱嗨哟,嗨吱唷"的伴上。后来代代相传,形式和内容日益丰富。在各种劳动场景,往往一喊群和,气势高昂,号子一喊,劲就来了,心也齐了,劲也大了。通东号子有山歌号子、抬扛号子、扁担号子、开河号子、翻地、耕作和采稠号子,挑粪、施肥和打麦号子,削草、捉花蜜拔稗号子,收铺、上车和连枷号子,拎水开沟与车水号子,船工号子、木工号子、泥工号子、石匠、漆匠号子等。凡是有劳动的地方,就有号子。新中国成立后,通东号子赋予了新的内容和时代精神,并创作了许多新的号子,在余东镇区和农村几乎人人都会喊通东号子,有时集体喊号子,十分热闹。

五、说 令

说令是余东民间喜庆活动中常见的一种"喜话",是一种儒风民俗,是余东特有的民间传统文化和历史文化遗产。

说令是先人们按照自身条件创造出来的一种十分有益于身心健康的庆贺游戏,文静典雅,热诚欢悦,充满洋洋喜气。各种场合有各种说令。

如在老人60、70、80岁的寿庆活动中有:

"寿烛点火红彤彤,喜气盈门庆寿翁。

寿糕寿面和寿桃,满堂喜气乐融融。"

"寿烛点火红莹莹,想起当年程咬金。
开国元老九千岁,年高超过一百零。"

"寿烛点火红兮兮,唐朝还有郭子仪。
七子八婿庆寿喜,官封汾阳郡王侯。"

"寿烛点火红油油,想起当年彭祖爷。
八百八载童颜发,愿他长生不老永在人世间。"

再如砌房造屋的喜庆令:

"高挂门灯亮光光,贵府正在造楼房。
今日主家忙得欢,后代子孙多风光。"

"高挂门灯亮堂堂,有水向阳朝南方。
门前有条兴隆路,百路财气进新房。"

"红烛一点报喜花,主家楼房造得高。
一百零八步步高,好像通天大仙桥。"

"红烛一点报光明,新造楼房真正灵。
太公在此无禁忌,子孙昌盛万年兴。"

  余东的说令,既能一人说众人和,又可两人对说,满堂俱乐,是一种群众喜闻乐见的民间文化。它在建房、寿庆时都有相当大的市场。尤其在婚礼上,说令更是少不了的一种助兴活动。说令者见什么说什么,即兴而来,张口就说,常常借古喻今,喜话连篇。能者一人能说出结婚时自始至终的所有说令。

  在余东,凡是喜庆的场合必定有说令者前来助兴。他们即兴组织语句,随口创作题材,现场见物比喻,立马出口成章。说令成为余东不可或缺的民俗风情。

六、通东利市

  "利市"在《辞海》条目中解释为"买卖所得的利润"。

在余东一带是特有的民间传统说唱。既可一人独唱,也可对唱,人多齐唱,台上唱、台下和也行。群而乐之,皆大欢喜,流传至今。

平日,常有一两个民间艺人走街串巷,或三四个游乡荡村寻找结婚、建房、寿诞等喜庆活动的主家,他们见了便手执和气匾(一种竹制品,与古代针线匾相同,但区别在于和气匾是彩色的),一脚跨进门就"我脚踏你家金砖地……"地唱了起来。所唱的语句一般以七字句为主,也有五字句或多字句,四句头起腔,八句头收腔,更有长段十句的,此时,左右邻居的大人小孩,甚至年老八十的都赶来听唱,听得不过瘾时还可点唱"红娘子"、"喜种田"、"孟姜女过关"、"十里亭"及"十二月花名"和"廿四节气"……这些艺人能见什么唱什么,张口就来,唱得主家心花怒放,喜气洋洋,给钱赏赐。

"利市"在余东很有市场,现尚有好多男女老艺人经常活动。

七、京剧演唱

京剧联谊会

京剧演唱活动在余东有着悠久的历史，早在明代，城隍庙山门之上建有戏台一座，以演戏酬神，这是海门最早的古戏台。古戏台又称"万年台"，意即"万年永固"。

余东戏曲活动的兴盛是在清代后期，当时太平军与清军对峙大江南北，不少昆剧、徽剧戏班进入南通一带以避战乱，里下河地区的连年天灾，也使大批戏曲艺人流向东南，余东作为盐业重镇，自然而然成为戏班子演出的重要地点。清代末年，京剧兴起，逐渐取代徽剧，从此，京剧成为余东戏曲活动的主流而延续至今。

20世纪初期，京剧演出在余东长盛不衰，各路戏班纷至沓来，你方唱罢我登场。每逢诸神（如城隍、东岳、火神、海神等）诞辰，照例要在庙宇演戏，那时，镇上的商家、富户、官绅为求菩萨保佑，消灾纳福，总要请个戏班演戏祭神，凡渔民出海总要许愿，便在岁末农闲之时，请戏班演戏还愿。借此，四方百姓便可大饱眼福。

来余东演出的，不仅有大量的草台班，也有众多的梨园名角，如久负盛名的京剧艺人杨洪春、赵长宝、杨云霞等。清代光绪年间，六甲镇诞生了海门第一个京剧戏班——洪福班，后由张炳坤继承父业创办同乐戏班，余东便近水楼台先得月，这支土生土长的京剧戏班在余东一带到处播下了京剧之音。

多少年来，余东成为京艺争妍、名角集萃的风水宝地，也哺育了一代又一代的京剧戏迷和票友，形成了富有特色的"中秋猜谜"习俗。中秋猜盘谜过去主要是商家用实物寓戏，供人猜剧名，猜中者以商品奖励，以吸引顾客。如在盘子中放些天雨水和一根关草即为《天水关》；挖空的橙子旁放一把穄子即成《空城计》；三把叉子口对口一放便是《三岔口》；一只蝴蝶一只杯即《蝴蝶杯》；七个纸剪星星和一盏灯或一只钉为《七星灯》；两个圈子套在一起即《连环套》；一段木头和一盏关草即《独木关》；一个仕女一把穄子即《美人计》……四乡八镇的人赶来欣赏，观者为潮，猜者踊跃。为了招揽更多的观众，一些商家又逐年翻新一批难度较大的新谜，如八根火柴即《八大锤》；两截圆钉头为《窦尔墩》；两块糖旁放两张剥开的纸为《二堂放子》；整盘青苔上放些芦花即《芦花荡》；一只凤凰和一把矾与一个窠为《凤还窠》；一个铜钱一只豹为《金钱豹》等。此习俗至1956年商业合作化后逐渐消失。如今，余东的京剧联谊会正传承这一习俗，每到中秋之夜，便在文昌阁前开展"猜盘谜"活动。

　　余东的京剧票友活动始于20世纪30年代。当时不论男女老少，酷爱看戏也爱学戏，戏迷们常常聚集一起，自拉自唱，自得其乐。京剧票友定期集中于城东魁星楼排练，并常邀请专业艺人指点辅导，长此以往，票友们居然能演出《女起解》《打渔杀家》等多出折子戏，甚至《捉放曹》《空城计》等骨子老戏也能演出，而且时常巡回至四乡八镇演出，成为海门最早的业余剧团。

　　20世纪六七十年代，样板戏兴起，海门各地广为普及，唯有余东首屈一指。余东人凭其悠久的传统、庞大的阵容、深厚的功底排练了《红灯记》《沙家浜》《海港》《智取威虎山》等整场大戏，并培养了一批青年业余演员。

　　如今的余东，爱好京剧的大有人在。20多年前，他们组织京剧联谊会，定期开展活动。这些人中，有干部、教师，也有商业职工和普通居民，有的已年过花甲，更多的是中青年京剧爱好者。余东文昌阁已成为京剧联谊会的活动中心，每当喜庆佳节之际，或清风皓月之时，锣鼓铿锵，琴声悠扬，戏迷们引吭高歌，乐此不疲，延续着千年凤城的京韵。

八、民居装饰

屋脊脊角

"龙抬头"是余东民居的一大特色。余东人在屋脊脊角上爱雕塑一条龙头,称为"龙抬头"。

"龙抬头"是通东人的祖先面对滔滔黄海,而产生的一种所谓"避风、避水又避火,镇宅、镇鬼又镇邪"的保护居家性命和房屋安全的"镇宅物"。

余东瓦匠所饰之龙抬头昂首,两目圆睁,龙须飘动,龙口大张,浑身龙纹鳞甲。上首(东)龙身以云衬托,下首(西)龙身以浪衬托,云治百灾,浪镇百邪。现在行走在余东农村,到处可见成排的民居平房屋脊两侧的"龙抬头"瓦型,只是现在楼房增多,"龙抬头"已逐渐减少。

余东人最考究的房子还要请泥塑匠在正屋的脊上塑上一棵(盆)万年青,以喻子孙后代永远发达,或者塑上人物"福禄寿"三星。在正脊的左右还有塑上戏剧人物和山水画,常见的有《三国志》中的"长坂坡"、"古城会"、"桃园三结义"、"三顾茅庐"、"三英战吕布"、"单刀会"、"龙凤呈祥"、"芦花荡"、"草船借箭",《西游记》中的"唐僧取经"、"孙悟

屋脊雕塑

空三打白骨精"、"孙悟空大闹天宫"、"孙悟空龙宫求宝"与"八仙过海"等。

　　猫头儿又称筒瓦头,是余东人对古典建筑中"瓦当"的一种俗称。

　　余东的"猫儿头"在旧时的老房子上都有装饰。瓦当的图案较多,一般都上阳下阴匹配。瓦头上大多是横眉云彩和吉祥如意以及蝙蝠(福)飞舞,形态生动,相似而不相同,一张"猫儿脸"更是充满生机、喜气洋溢。滴水中更是有字有画,有青龙、白虎等形象,寓意驱鬼避邪,还有花卉万年青等古朴、典雅、传神。最常见的有"福"、"寿"篆体图案以及"延年益寿"、"二龙戏珠"、"三星拱照"、"四季平安"、"五福临门"等。

　　余东人为了建筑方便与财力节省,往往由泥瓦工用石灰饰满招帽子,然后用锅底屑和上醋捣汁,以简洁的三笔头绘就一只两耳竖起的猫头形象,故称"猫儿头"。现在老房子上还比比皆是,新房子已大多改用平瓦不用画"猫儿头"了。

民居雕塑

民居砖雕

民居雕饰

民居砖雕

民居格子窗

民居雕饰

民居雕饰

民居厅堂

民居梁架雕饰

民居梁架雕饰

民居梁架雕饰

民居梁架雕饰

民居雕饰

民居山墙

九、凤城青描绘和凤城刻纸

凤城是人文荟萃之地，旧时有多家画铺，专门绘画紫微星、关圣帝君、观音菩萨以及九狮图、八仙过海等年画。这些画逐步发展成为"凤城青描绘"，以生肖、脸谱、门神、紫微星等菩萨中堂为主，倾注着劳动人民的情感，并以其独特的艺术构思，浓厚的生活气息，神奇瑰丽的色彩，纯真质朴的艺术境界，焕发出民间艺术的通东风格。现在年画虽已被印刷品代替，但在余东，人们仍然喜爱这一传统民间艺术，不少人家过年喜欢张贴"凤城青描绘"，因而画铺生意依然不错。

凤城青描绘

凤城刻纸，源于余东东门外孝子坊旁原有一江姓开的码纸店，专门刻印门神和年画，很受通东人喜爱。为了和年画配套，衬托春节欢庆的气氛，凤城刻纸应运而生。刻纸最初用于彩灯、门窗，以及喜庆时作为装饰欣赏之用，后来随着刻纸艺术的提高和使用范围的扩大，发展为镜框挂屏和装裱条幅以及年画的挂廊（又名"金钱"）。余东手工刻纸的主要制作器具就是一把刻刀和一个蜡盘，那些民间刻纸艺术只凭这些简单的工具就能制作出许多不凡的精美艺术作品。如今，依然有人在传承这一民间技艺。

凤城刻纸

十、余东庙会

旧时，办庙会请菩萨出庙巡视，捉鬼降妖，除病祛疫，以求风调雨顺，国泰民安，五谷丰登，天下太平。在众多庙中，关圣帝、观世音、温元帅与都天的菩萨庙会最多最频繁，尤以余东道士观的"五福金容都天大帝"及东岳庙的"翼灵照武将军温元帅"，出会最具神威。由有名望的地方乡绅和德高望重人士组织临时庙董事会，全面筹办。会前公布出会日期，历时几天，以及途经哪些街道、乡村。让与会者心中有数，及早准备。

其次，凡有路祭的商家，在三天前向庙会申请告知并交费，时间在5分钟至10分钟内。"路祭"处由庙董会安排，商家自备香烛等。

庙会

再有，庙董会只负责事物，不参与经济。所有捐款者可向各庙会随缘乐助。凡募化者皆由各寺庙、道观、庵堂的主持和客僧参与，不允许其他儒释道者插手。

会后，公布账目，由各商

家集体审支。

出会前夕，由庙董会和庙里的僧道将神像请出供在殿中，进行香水沐浴，检查身体各部位的关节，并换上新的衬衣和新袍（都天为黄蟒袍、元帅为青绿蟒袍）与手中的新物，脸上见新（即涂上麻油），顿时焕然一新，神采奕奕，香味浓郁，威武庄严。

事前点好香烛磕头祈祷，然后分工动手，小心翼翼。这夜香烛通宵达旦，满殿香气缭绕。凡庙董、理事们都通宵守伴，随轿，四更天即到庙里报到，凌晨前所有参会人员都到庙听从庙董们分班，呼堂传棍的吆喝班、亲兵班、执事班、大旗（含黄罗伞、万民伞等）班、皇名班、锣鼓班、神鬼班、各种愿香班以及前导班、后护班等按班就绪，鞭炮齐鸣、锣鼓喧天、人声鼎沸、列队整齐。这时，轿前的大锣一响，整个出巡队伍顿时活动起来，万头攒动，秩序井然。

首先，由几个面目狰狞的马叉鬼手持钢叉，"哐啷哐啷"走在前面开道，接着由各乡村（应经过的乡村）选送来的土地神及山神引路，随即是大旗队和连路敲打的锣鼓队，紧接着便是牛头、马面、值日功曹、大头鬼、小头鬼、白无常、黑无常等。其面目凶残怪异，令人十分惧怕。接着是一对彩旗队，后边都是曾为家人治病许下的"愿心"的还愿者，有小凳上装着香点着烛，行三步跪拜一下的，有用几根钢针从面墩，经过口腔穿过对面，钢针的头闪亮的，有用弯钢针穿过两手腕下半面，挂着几斤重的香炉，炉内的大香烧得烟雾呛人，把肉皮挂着拉下两三寸的"烧肉香"，令人望而生畏。

其后，是菩萨队伍，在一片旗帜的海洋中，转伞、黄罗伞、万民伞等一一列队，缓缓前行。紧接着是和尚、道士、尼姑及乡村阴阳先生组成的丝弦乐队，很有节奏地随着步伐跟进。

接着是四对肩扛大锣的吆喝开道班前行。后有两只数尺长的大号"呜呜呜"高吹缓行，后面是更加威武的刀枪戟棒棍槌等十八副銮驾与狮象虎豹等香兽队，随即是手执"回避"、"肃静"、"都天正堂"（温元帅为"都督正堂"，其他雷同）者，其后是威风凛凛的都天大帝的八抬大轿，由抬头（即轿夫的领班）用行话指点轿后的"后檐"、"后尾巴"（即轿后的第三第四人），按序行进。都天老爷的轿走得很慢，沿途地方士绅、本地乡董、文化名人及大店老板都要跪献祭菜，大至猪牛羊三牲，小至各种戏文彩果。待祭毕，大轿起轿缓行。紧跟者是高跷队，大轿停下即坐在店家的猫儿头上休息。接着是扮戏文的队伍，有"八仙过海"、"梁山伯与祝英台"、"和合二仙"以及"刘海戏金蟾"、"王清明合同记"等。随后便是民间舞蹈队，边走边表演"蚌壳精"、"荡湖船"、"跑旱船"、"挑花担"与"跳判"、"舞龙"、"舞狮"。接着是一对对善男信女的敬香队伍，还有一支浩浩荡荡的彩旗队，由乡村锣鼓队敲敲打打、热热闹闹地压着队，他们所经之处，家家门前有香烛斋品敬贡。街道两旁的人夹道欢迎。是日，真是万人空巷，盛况空前。出会是规模最大、内容最为丰富的民间节日，现已消失。

十一、渔船会

旧时每年夏秋之际，凡是通吕运河所有内河捕捞渔船，都会应期云集余东镇。东自吕四，西至南通，北抵掘港，数以千计的渔船，依次停泊在龙须口至要坝口五里长的古运盐河上。其时，城河四周船樯林立，白天船队炊烟弥漫，夜里河中渔灯闪烁。

渔船会在东岳庙大殿前，会期三天。大殿前搭好戏台，主台有三张台子高，当场竖一高高的旗杆，四面八方的渔民，穿戴一新，汇聚在场中央。

第一天，主持人站在高台上宣布渔船会开始，渔民们顿时欢呼雀跃，此时鞭炮齐鸣，锣鼓喧天。在一片欢乐声中："蜈蚣旗"与"九里灯"徐徐升上天空，接着由主持人引导，全体向渔民的保护神耿七公顶礼参拜。然后是文艺演出，演出的是一种起源于胡逗洲、东布洲的傩戏（即童子戏）。

渔船会主要纪念内河渔民的保护神——耿七公，不仅是祭祀神和消灾降福，更是加强渔民的团结，渔民生活的改善和人丁兴旺（原来渔民旧俗，他们千余人中仅有林、倪、刘、耿等七姓，既不娶外姓女，也不嫁外姓男）。

最后，主持人站在高台上，手起刀落，斩断神像前的一把筷子，宣布渔船会结束。所有渔船在当晚悄悄地驶回各地。1956年渔船实行合作化后，此俗消失。

十二、通东锣鼓

通东锣鼓主要由汤锣、大锣、钵（又叫"欠欠"）、中鼓四种打击乐器组成。有四个人就能打击出千变万化的名堂。后来又逐步发展到伴有着板、钵子、撞铃、木鱼等打击器配合。简单的锣鼓"五记头"、"七记头"，人人都会，还创造出各种各样的锣鼓经，从简单的几记发展到"新蝴蝶"、"老蝴蝶"、"鱼扑水"、"大丰收"、"喜临门"、"飞蝴扑蝶"等。

"十三太保"是褚家班的拿手节目，击打得错综复杂，令人眼花缭乱。他们七八件打击乐器在手中翻滚自如，无人能学。

旧时，凡有庙会或逢年过节，四乡八

通东锣鼓

镇都有锣鼓队齐集凤城积极参与，暗中较劲，你打这种，我打那样，从早到晚，通宵达旦。谁高谁低，谁队面前观众多场面大就是赢家。不过褚家班的"闹元宵"（即元宵锣鼓）与"十番"就无人赢得了。

锣鼓有着鲜明的地方色彩，粗犷豪放，威武壮观，热情洋溢。现在春节元宵、欢送新兵、庆功会、开业典礼等，还常听到锣鼓声声。

十三、褚家吹鼓班

余东褚家班吹鼓（手）班，原是苏州人，住阊门外107号，全家（族）皆以吹鼓（手）为业。清朝时在苏州享有很高声誉。

清乾隆二十八年（1763），长洲（今苏州市）人宋道南，任通州余东场通判大使，邀一直为府台服务的褚家班前来。在族长褚瑞南的带领下，一族六七户，二三十人来到余东。褚家班分为三四个班，吹打乐器有班鼓、撞铃、七音笛、箫、笙、唢呐、长号及锣鼓、钹、琴等。他们吹打技术娴熟，优美动听，带有苏腔苏味，"凤妆台"、"水路印"，在新人拜天地时从"小开门"到"大开门"。丧事上的曲子有"嚎啃调"、"大楼月经"、"大悲调"等。

场官出衙时更是威风凛凛，唢呐一吹，大锣一打，令人肃然起敬，退避一侧。

褚家吹鼓班在余东兴盛近200年，曾有"压三场"（即其吹打技术在余东、余西、余中三场首屈一指）的盛誉。

民国时期，由于战火连绵，经济萧条，他们亦难安心旧业。新中国成立后，褚家后人转业到各个不同岗位上，祖上这笔文化遗产就无人继承了。

地方特产

一、余东盐业

余东的盐业,自宋至清一直很发达,是通州的主要产盐区。唐时便在余庆寨设盐亭场。宋太平兴国时设余庆场所署(即衙门),派有场官(七至九品)和攒典及衙役,专门负责盐务以及灶地钱粮,并有灶长和灶头。元代余东场10灶有灶长16名、灶头32名;同时还设有火伏巡役(负责稽查火伏)和水陆巡役(负责水陆运输)各2名;在八甲竖河、六甲坝、王灶河、八索镇等处设立缉私隘口,由士兵把守,严禁贩卖私盐。场官的任命由州官上报圣批,场官由当地吏员出身的人担任,场官调动十分频繁。

余东场北界海1 150方里,又水滩260方里。明代永乐元年(1403),余东场有沙场19 542.4亩,敞口41口,旧额灰亭474面,旧设灶房474所。明万历年间(1573—1620),余东总催70,盘铁157桶。有灶户7 001,灶民40 000多,灶丁17 226人。

旧时,为保障生命,灶丁在每个灶后筑一顶高方宽二丈,脚宽六丈、高一丈的灶墩,后又每隔三五里筑一潮墩,将灶墩与潮墩统称为"救命墩"。时有灶墩33个,潮墩22座。

康熙六年(1667),余东场除戴青山外,又筑有余东墩、新遭墩、余东东墩、三里墩、五里墩、老坝墩、王灶墩、七四墩、五甲墩、大东灶墩、歇圩墩、沈灶墩12座。这些既是救命墩,又是瞭望墩(台),隶属狼山右营管辖。

清光绪年间(1875—1908),余东场范公堤有旧潮墩12座、新潮墩(如盘基墩等)6座。

通州十场所产食盐属淮盐。共分真梁、正梁、顶梁、上白梁、白梁等五个等级。质量均属上乘,其中色白味咸的即为"真梁",仅余东、吕四两场能产,被历代列为淮盐之冠。由于真梁盐粒晶莹味鲜,"色味甲天下",故被列为"贡盐"(即"皇盐"),由余东、吕四两场专门运往南京供明孝陵神宫监使用。年用祭祀盐5 000斤。1906年,真梁盐获意大利万国博览会金奖。

另外,皇宫中光禄寺、奉光殿、内宫监每年食用6万斤,则为余西、余中、金沙、石港、丰利等场所产的"正梁",质量则次之。他们所产之盐,经过运盐河至扬州行销六省。余下几场的顶梁、上白梁、白梁,供内地食用。

清末民初,海岸逐步东移,余东场离海渐远,海潮罕到,煎盐条件越来越差,已无法产盐。加上市境各灶盐区因废灶兴垦缩小,盐场相继归并,产量锐减,民国六年(1917),余东、余中、余西三场合并的余中场(场署设余东),离海更远,无盐可产。此时,张謇率先提出"废灶兴垦",主张"弃盐改棉",为新兴的南通棉纺织业提供原料,在民国初年短短的几年里,在张謇组织发动下,产盐区兴起大规模的盐垦热潮,余东地区从此告别了制盐业,转为以农耕为主业。新中国建立后于东灶港沿海创办了海门盐场。

二、水产"四宝"

1. 龙须口的银鱼

银鱼，本是江、湖中的产物，而在内河中，除余东的龙须口外别无二处，是余东的特产之一。

银鱼，浑身晶莹洁白，光滑如玉，体长7~10厘米，大小形状很像妇女头上的玉簪，一对纤小、乌黑、水灵灵的眼睛，其肉鲜嫩可口，在野生鱼类中最为鲜美，且营养丰富，整体可食，"银鱼炒蛋"是本地酒席上少不了的名菜。

银鱼，早春天气寒冷时游到薄冰或浅水有草的沟边擦破肚皮产卵，夏季便是一年一度的银鱼汛。此时，停在内河的渔船，便两艘一组，将银渔网的网绳牢牢系在两船的船尾，拉开一定距离，将渔网拉成一个喇叭形的拖网，把鱼儿兜入网底，就可捕到一网又一网的银鱼，批到余东以及附近的市场去卖。

自从新通吕运河开通后，江海断源，余东龙须口的银鱼失掉交配水源，从此逐渐绝迹。

2. 城隍庙河的鰡鱼

鰡鱼，本是热带的海产品，但亦能在淡水中生活。许多地方都无此河鰡，在与运河相通的余东护城河内的一条旮旯角落的城隍庙河内却有此鱼，成了余东特产的一部分。

鰡鱼，每年夏季开始便成群结队地露出水面追逐，捕它的工具很简单，一根绳上挂上许多咥子，捕者将绳拉到对岸，两人隔河捕捉，鰡鱼贪食，口一张便将有食饵的咥子吞住，此时咥子上的节节草一断，鰡鱼便悬挂在咥子上，然后一头松手，一头将绳拉至身边，脱下，再装上食饵，继续捕捉。这种鱼，渔船不捕，都是市镇居民结伴去捕，其肉鲜美，要比海鰡好吃得多，自新通吕河开凿后，此鱼亦绝迹。

3. 盐河桥下的蚬子

蚬子，虽可在内河生长，但通东一带稀有，就余东来说，也仅局限在盐河桥下才有此物，因此，又是余东水上特产之一。

蚬子，与"天下第一鲜"的文蛤同属软体动物，色彩无文蛤美观，体积也仅文蛤的半大。此物，由在余东生活的渔民将种倒入盐河桥下的十字交叉的河中急流处，到麦熟时的蚬子是最肥最好吃的，届时，渔民用"姐妹船"（即两条船一组）用网并排在河底下捕捉，产量极高。蚬子的吃法与文蛤略有不同，由于它小，只好洗净后将它倒入锅中煮开了口，然后将壳丢掉，取肉蘸上酱麻油便可食，其肉既嫩又肥味又香，蚬肉还可炒咸菜、炒韭菜，也可炒蛋，是古镇居民价廉物美的菜肴。

4. 三星河蟹

三星河蟹由三星河得名。三星河位于余东、树勋、万年三个乡镇的交界处，俗称黄毛蟹河，是海门涨沙初形成的天然海泓，周边港汊密布，形成大片湿地，南北长达3公里，还有一个个河汊头，面宽约10米，与五谷河、下三和镇的竖河上下相连，河底黄泥沙泥相间形成"沙夹黄"，河床平滑无淤泥，对蟹的生长有着天然的有利条件。凡这条河里出来的河蟹，只只又粗又壮又大，都是"黄毛白底板"，比任何河沟里的蟹都好，肉多脂厚，蒸烹皆宜，吃起来既肥又香，别具风味，是酒席台上压倒一切的珍品。相传在清乾隆年间，通州状元胡长龄回籍选购三星河蟹作为上京进贡的"贡品"。此后，三星河蟹蜚声京城，誉满全国。

三、风味美食

1. 团儿乖"绳纹"

余东李福兴号的团儿乖（家）的绞耳，甜得喷香，咸得可口，本是民间小吃。明嘉靖时，余东武进士姜锦球要进京向当朝太师、自己的恩师严嵩庆贺六十大寿，既忌礼薄失态，又为礼重吝啬，再者千里迢迢多有不便，忽然想到李福兴号团儿乖的绞耳特产为馈。李氏忧虑土货乏味受责遭受横祸，故精心研制成甜咸两个品种（原仅甜绞一种）。是日，严嵩在嘉靖帝前将其门生姜锦球带去的绞耳取出，揭盖时香味四溢。嘉靖帝一品此物，觉得可口，风脆喷香，赞叹不已，问此物何名，严嵩师生怕"绞耳"（儿）两字有触皇怒，便请皇上赐之，皇上见其如绞的绳索一样，便称其为"绳绞"。此后，余东团儿乖绞耳大出其名。饮誉大江南北，近400年子孙相传，久盛不衰。不但成了消闲零食，而且成了馈赠亲友之价廉物美的上佳礼品。

2．余东脆饼十八层

余东脆饼的手艺都是世代传承下来的，干面和上适量的水、糖，再上油酥后，包包捶捶，多次反复成十八层，上了芝麻贴上炉烘热，冷后一吃十八层既有芝麻香，又有糖甜味，既脆又酥，大众欢迎。抗日战争时期，余东的宋福康、仇鹤鸣两人常挑脆饼去土地堂蔡家药店（地下交通站）为中共传递情报，配合抗日救国，陈万春号的陈海林经常夹着脆饼篮子上四甲。如今余东镇上仍有好几爿脆饼店，采用的是传统做法。

3．薄如纸片的云片糕

旧时余东所有茶食店的云片糕都是手工制作的。最好的刀工师傅可以把它切得薄如纸片，深受广大顾客的欢迎。尤以江炳洪做的云片糕最为出色，他的云片糕香甜可口，还有绕指不断的韧性，令人叹"绝"。

4．"广开丰"的焦切片与寸金糖

广开丰茶食店的老板姓赵，镇江人。清末民初到余东后，他家的馓子、金枣糖与麻圆、麻饼生意都比别家好，尤以焦切片和寸金糖及雪球手艺更是出众,从腊月初开始直至年底日夜加工,还是供不应求。

5. 余东缸爿与擦酥饼

缸爿即大饼。余东的缸爿饼旧时不是用水涂面子后撒芝麻的,而是用薄糖稀水的,烤干后又香又甜,令人喜吃,闻名遐迩。如今糖稀不露面,因而口感已不如前。而余东年已八十开外的江海成还在做,他的擦酥饼仍保持本色,深受上海、南京、通城等来客的欢迎。

6. 余东印糕

印糕分有喜庆的红印糕与清明祭祀用的白印糕两种,红印糕上嵌有"人民万岁"、"喜庆丰收"、"五谷丰登"、"财源广进"、"福禄寿喜财"、"共产党万岁"、"祖国万年青"等字样,以示喜

红印糕

庆,红印糕大多和糖,侧面嵌有红粉,使之美观又可口。白印糕仅清明前十天开始供应,到清明这天即止,只为清明扫墓、祭祀祖先而制。它全白,同样有吉利语言嵌印面上,内嵌进豆沙心,吃起来鲜嫩可口,既甜又不腻,有开胃提神之效。

7. "老庆源"的蟹黄包儿

蟹黄包儿以皮薄,兜心多,汁香,味美而著称。它由老庆源第三代传人江老九接过祖上手艺而亲自把作,已有一百多年历史。在做法上,他选用小麦的头白面粉为皮,选用三星河的蟹黄和蟹肉,以"百把帚"的功夫,用它和上白芝麻等原料煎熬成流质合成兜心(即馅),包儿出笼满屋扑鼻香味,黄爽爽的蟹黄呈半透明,加上溢出的汁水让人眼馋,咬上一口鲜馥有味兜心滋嫩,满嘴蟹香,百吃不厌。吃过南通中华园包儿的人都说余东老庆源的好。

8. 通东春卷

"春卷"在春节中是上市货，大多数菜馆都有供应，而且家家都会做。馅（即心子）挑点聚聚菜（即荠菜）、青苗儿（韭芽前的发青韭菜），再摊点蛋皮切成条状，或者买点肉斩细，再放上葱花、盐与味精调和后，便可包进皮子内成卷筒状。放入油锅内煎熟，拿出后切成寸把长的一块块，仍旧放成条状上盘后便可上台食用。

9. "三义茂"的红烧羊肉

"三义茂"在通东一带颇有名气，是余东镇上红烧羊肉的头块牌子。它烧的羊肉红白分明，无骨净肉，汁质厚润，吃易上口，香味扑鼻，肥而不腻，多吃不厌。他选羊讲究，公羊得40斤以上，母羊也不得低于35斤。他的做法是：插刀放血，拔毛吹气，洗刮杂质，剁下羊头，开膛取杂，留下心肝腰，大小肠分开，肺杂另处，清洗胸腔，割下蹄筋，割开腿股，再将整羊一劈两开，放入蒸锅，丢入萝卜、白酒、开水蒸沸，趁热剔骨，分门别类，放入料盆，等待冷却。

顾客来后将羊羔切成小方块，放上大蒜（叶）及佐料文火烧开，盛上碗后，再撒上些许胡椒粉，便可食用。要是留下几块肉再和些粉丝，那便是一碗红烧羊肉线粉，更是风味独特。

10. 银鱼炒蛋

这是一盆上等好菜，八月半吃银鱼炒蛋，成了余东人的特有习俗。

余东城护城河东边有条"龙须口"。它外通江海，水质清澈见底，蕴草青肥绿嫩，岸边垂杨倒柳，风光秀丽，鱼类资源丰富。除一般的河鱼外，这里还有"银鱼"。它是余东水产四宝中的一宝（另三宝为盐河桥下的"麦熟蚬"、"城隍庙河的鲻鱼"与"三星河的河蟹"）。

银鱼浑身洁白，像盘散碎的银子，光亮耀眼，晶莹透明，大小和形状很像旧式妇女头上的玉簪，肉质鲜嫩可口，无骨，老小喜爱，进口消涎。银鱼炒蛋是上等佳肴，在它收获季节里是办酒席人家少不了的特色菜，八月中秋节更少不了它。

11. 醉虾醉蟹

醉虾醉蟹也可说成炝虾炝蟹，都是用白酒醉后生食用，根本用不上火功，故用"醉"字比较贴切。

醉虾：不但有黄海与长江的"红网子虾"与"白虾"，还有内河的河虾等。前者的虾壳薄肉嫩，炒着吃没嚼头，炝着吃易入味，后者肉嫩而不失韧性。河虾也可炝着吃，大青虾带子的，口味特别鲜，不过炝的时间稍长些，使它炝透，其他如炝泥螺（海产品）等。

醉蟹：一般炝的都是海里的"小梭子蟹"与"小河蟹"，可现炝现吃，新鲜有余入味稍差。要讲滋味好，当然是大虾大蟹好，不过炝的时间要长些。醉虾或醉蟹用的酒一定要52度以上的高度烧酒，同时要放入姜片、白糖、川椒、精盐等佐料。这样才会其色如生，其肉如玉，酒香浓郁，咸甜适宜。醉虾醉蟹家家喜欢，饭店也把它作为必备冷盘。

另外，将蟹壳剥下来与蟹的大螯与小腿及蟛蜞的全部都可以用木棒捣碎，加上多种佐料，做成蟹酱和蟛蜞酱，美味可口，是佐餐美食。

特色农产品

发现余东

余东古镇的价值和保护利用

邹仁岳

最近,海门市余东镇被城乡建设部和国家文物局公布为第四批中国历史文化名镇,这是一个非常令人振奋的消息。几年前,笔者曾写过一篇《古镇余东——千年等一回》,如今,它终于迎来了千载难逢的机遇。看起来破旧的余东古镇,能成为国家级的历史文化名镇,无疑使它的价值得到充分肯定和重要提升。

余东作为千年古镇、历史文化名镇,无疑具有重要的价值,具体表现在:

1. 历史价值。古镇是历史的遗存,由于自然因素、战争因素和建设因素,中国现存的古镇并不多,据专家调查,中国如今完整的古镇不过百,大多数古镇是新老混合,或者新的胜过旧的,古镇的自然环境和文化空间已根本改变,原汁原味的古镇成了稀有资源。就南通地区来讲,许多古镇都成了新镇,余东是仅有的古镇资源。就江苏沿海的明清两淮盐场来讲,余东也是保存最为完善的古镇。物以稀为贵,越老越值钱,这是一个基本的价值规律。看起来破旧的老房子,如今都已成了文物,是不可再生的文化资源。我们完全可以将余东开发成一个开放式的露天博物馆,每一幢老屋、每一口古井、每一条石板都是这座博物馆的展品和标本,比起新建一座博物馆,新搞一些现代化的陈列展览,要形象生动得多。相信随着时间的推移,其历史价值更显珍贵。

2. 文化价值。在现代化建设的今天,大批古镇和历史街区消失的情况下,仅存的少量古镇可以保存历史、保存文化,延续了千百年的文脉,从而成为现代人的精神家园,成为追寻历史的人文环境。同时,古镇往往与名人、名品和众多的非物质文化遗产融合在一起,体现出传统的人文价值。余东就是海门和通东历史文化的一部孤本和未加雕琢的民俗文化博物城。

3. 市场价值。历史文化名镇作为余东的一张名片,可以产生品牌效应,在市场经济的今天,可以衍生出它的经济价值。历史文化资源也是投资环境,可以借此聚集人气,可以开发文化产业,促进旅游产业,形成与其他乡镇不可能有的独特的市场环境。

多少年来,余东镇的老百姓怀着对家乡的深厚感情,精心呵护着这笔遗产,守望着他们的家园。余东镇几届政府也尽了许多努力,保护了这座古镇。它的保护工作起始于1988年的修复东岳庙,由于缺乏经验和经费,保护工作总体上并不乐观。如今,随着历史文化名镇的公布和古镇大量历史建筑年久失修的现状,保护工作迫在眉睫,艰巨又繁重。简略梳理一下,笔者认为余东古镇的保护应该考虑以下几点:

1. 规划先行。遵循"抢救第一、保护为主"的原则,科学规划,分步实施,避免随意性,绝不能急功近利,更不能搞形象工程,任何想通过保护短期内就产生赚钱效应的想法都是不切实际的。古镇的保护也必须坚持科学发展观,保护好余东固有的古镇风貌和文化遗产，本身就是造福后代功德无量的政绩。请专业部门和有关专家编制好保护规划是前提，在此基础上，再开展各项保护工作。

2．全面普查。结合第三次全国文物普查，对古镇所有的历史建筑和文化遗存进行普查，逐一确定年代、沿革、价值和保护方案。重要的单位挂牌保护，并推荐为各级文物保护单位，确定保护范围和建设控制地带。

3．优化环境。目前，古镇区环境比较杂乱，必须加以改造，清除各家各户的垃圾堆和厕所，整治清理护城河，改善镇区的道路、供水、供电和公共卫生设施，使旧镇区既不失原有风貌，又使居民的生活环境有所改善。

4．重点修复。对重要的明清民居和历史建筑，逐一编制维修方案，并请专业队伍施工，做到修旧如旧，其费用可通过政府、集体、社会、个人共同解决，并积极争取上级拨款，根据国家规定，每年的城市维护费中应有一定比例用于文物维修，这一条应该得到落实并向余东镇倾斜。历史建筑维修后，根据谁出钱谁受益的原则，仍由原产权人使用。重建南城楼等标志性建筑，重建应尊重历史，不能搞成不伦不类的建筑，同时恢复南城河，迁移休闲渔村，贯通城河水系，真正恢复古镇"中轴对称，城河相拥"的旧貌，并建设城河风光带。在工作日程上，根据目前许多明清建筑濒临倒塌的现状，抢救维修这些建筑应该优先于已消失的历史景点的重建。

5．激活老街。在重建南城楼的同时，把城楼向南至老通吕公路的南大街恢复成富有传统特色的商业街，并逐步向城楼以北的旧镇中心延伸。制定优惠政策，鼓励居民老店新开，或出租店铺，恢复百年以上的老店号等。对尚不具备开店条件的沿街建筑，用于民俗文化和非遗文化的陈列展示，使老街成为一条民俗文化街。

6．开发产业。着手古镇旅游的形象设计和宣传，旅游产品的开发,对传统的名吃、名品进行开发和包装。与影视单位联系,争取将余东古镇作为影视拍摄基地。去年,中央电视台拍摄《走进海门》,就利用余东的店铺作坊再现传统的酿酒场景,效果非常好。海门正在筹拍电视连续剧《张謇》,余东古镇的许多景点可以作为该剧的内景和外景,比起新建拍摄基地要经济实惠得多。与旅游部门合作,争取将余东古镇作为旅游产品推介,如今海门旅游东有东灶港,西有叠石桥,而余东处于两者的交接点,正好把东西线路连接起来。除古镇本身外,还可拓展农家游、生态游等项目。

7. 传承"非遗"。非物质文化遗产是古镇所承载的文化之魂,是组成历史文化名镇不可缺少的内容。余东非物质文化遗产十分丰富,应进一步发掘、整理和研究。据悉,余东镇的李茂富先生积数十年心血,已整理成余东民俗、凤城传说等近百万字系列手稿,这是一笔珍贵的文化财富,政府和文化部门有责任帮助其出版。研制复原芙蓉布等特色产品,作为余东的旅游品牌。

8. 理顺体制。由于古镇区位于现在余东行政区域的最北端,城河外就是王浩镇和正余镇范围,这不利于余东古镇保护的总体规划,特别是建设控制地带的划定和今后的实施。建议结合村镇行政区划的调整合并,将古镇外围的几个村划归余东镇管辖。

余东古镇的保护不仅是余东镇,也是海门市乃至南通市的大事,应给予高度重视和支持。建议由海门市政府成立古镇保护工作组,并聘请有关专家、学者参与。余东古镇的保护利用是篇大文章,是个大工程,完成它任重道远,虽然不能利在眼前,却功在千秋。相信通过许多人不懈的努力,我们一定能将这座前人留给我们的遗产完整地传承下去,以对得起祖先,也对得起后人。

原载《江海文化研究》

千年等一回

邹仁岳

　　1300多年前,长江和大海牵手拥抱,共同搭起了大海之门,从此,一片绿洲出水来,一朵莲花浪里开,五彩凤凰又降临其上,化作了古镇余东。历经千年沧桑,而今凤城犹在,它在鸣叫,它在等待……

一、悠久历史

　　余东成陆于唐代初年,初时沼泽遍地,杂草蔽野,尚无余东之名,只是在其东边有"白水荡"之称。公元684年,"初唐四杰"之一的骆宾王随徐敬业起兵扬州,讨伐武则天,兵败后一路东行,逃匿至白水荡。骆宾王的足迹早已淹没于荒沙野草中,而唐代黜陟使李承实在此围垦筑堤、设灶煮盐的业绩却流传至今,也正是从此时起,余东有了它的乳名——李灶。唐宋两代,朝廷将一批批犯人流放于此,为避战乱灾荒,中原地区的大批难民又到此谋生。世世代代的煮盐开发,终于使这里成为一处重要的盐场。

　　余东建城的历史最早可追溯至公元958年海门设县之前。其时南北割据,南唐小朝廷风雨飘摇,势如危卵,余东成为兵防要地,建"余庆寨",可见当时余东已有城防设施。所谓"余庆",古时指先代的遗泽,古书云"积善之家,必有余庆",余东早先的得名由此而来。随着盐场的拓展,北宋太平兴国年间(976—984)建余庆场,元代末年又改称余东场,自此,余东之名沿用至今。

　　余东的真正繁荣是在明代以后,盐业的发达,又得益于运盐河之利,使它逐渐成为古海门的一个重镇。早在明初洪武年间（1368—1398），余东就有"凤城"之称，志书载："余东城于明正统（1436—1449）年间建"，有无城墙，虽未明载，但可以确知，此时的余东已从一个自然集镇发展为由官方规划而建的小城。而今，我们从古镇凤凰展翅般的街巷格局和玉带般环绕的城河，便可以清晰地感受到当时建城人的匠心独具和其地位之重要，因为其时，倭寇活动日益猖獗，官府不得不防。及至嘉靖年间（1522—1566），倭寇屡犯海门，余东不得不加筑城墙。清代乾隆年间（1736—1795）的一场大水，城墙被毁，唯有四城楼依然雄居于江海之间，历五百年而巍然不倒。可惜战火无情，城楼一毁再毁，幸存的一座南楼，直至1972年才被人为拆除。然而，余东城楼犹如人们心目中的一种精神文化象征，永远也不会消失。

二、文化底蕴

俗话说："凤凰不落无宝之地"，余东之宝，在于它所积淀的深厚的文化底蕴。

漫步余东古镇，过去的一切仿佛在眼前凝固。由2 146块石条铺就的千米老街，向着岁月的深处伸去，鳞次栉比的店铺排门紧紧关闭，封存着古镇曾有过的繁荣。百年老屋，比比皆是，青砖黛瓦，苍老斑驳。院落地砖，门厅雕饰，无不显露出明清遗风。更有断墙残垣，撑起一方风雨，为的是将古镇的昨天留到今天。明清古井，绳痕累累，刻印着岁月的皱纹。"儒宗世泽，理学家声"的门联历经百年，依然散发着古镇的墨香书韵，也是对"余庆"古名的最好解读。断石残碑，倒卧街头巷尾，记载着过去"大门堂"的显赫与富足……无须刻意寻觅，脚下的余东老街，俨然是博物馆的一处露天陈列室。

古老的运盐河逶迤而来，将余东拥抱其间。运盐河始掘于南宋，历代屡经改道，但从未阻断古镇的生命之脉，因而才有今日城河的旖旎风光。其三面环镇，古风依旧，沿河树影横斜,蓬蒿丛生;长街水道,隐于岸草;"保安"、"泰安"古桥横跨;巍巍石蹬,丛丛野花;乾隆刻石,清晰可辨。城外原有座戴青山,曾是古海门的胜景,"春日江上闲烟草,古寺城隈抱野阴",是明代余东的真实写照,而今山已不存,而古寺重辉,暮鼓晨钟,震响历史的回声,激荡起运盐河的层层细浪。

余东以其得天独厚的地理优势,成为古代海门的经济文化中心。通东号子,灿若珍珠,其高亢激越,回肠荡气,渗透于余东人民生产生活的方方面面。余东的民间故事如同古镇的砖砖瓦瓦,城里城外,俯首可得。余东年画,题材广泛,色彩斑斓,年复一年,传统不改。余东庙会,载歌载舞,精彩纷呈,尤以都天会为最,而都天会源于纪念平定"安史之乱"的唐代名将张巡,我们从中可以领略余东文化与中原文化的渊源关系。清末民初,余东成为通东地区京徽剧活动的中心,京剧演唱,至今不衰。城东芙蓉池所产芙蓉布,曾是朝廷贡品,名扬海外。更有金银铜铁能工巧匠,共同营造出古镇人的多彩生活……这一切,构成了古镇独特的民俗风情画图。

走进余东,我们不能不想起明代海门才子崔桐。他从这里登船进京赴考,开始其人生的漂泊,他虽得中探花,位居高官,但官场沉浮,屡遭贬斥,唯有白云悠悠,乡梦依旧,从而留下了嘉靖《海门县志》等不朽之作。崔桐故居位于小巷深处,主人是崔桐第二十一代孙,老屋虽已翻建,但遗迹尚存,等待着人们去唤醒那沉睡已久的记忆。与崔桐同时代的还有一位姜锦球,据说是位武进士,可惜明珠暗投,竟与奸贼严嵩为伍,也许羞于此,此人名不见传,但作为一个历史人物,其人其事倒也值得写上一笔而供人品读。

千年海门,曾屡遭江侵海迫,土地几番沧丧,县治数度迁移,而余东古镇却保存至今,这不能不说是个奇迹。它不仅是一座古镇，更是海门历史的一部孤本、海门文化的一笔遗产。如今，众多的有识之士呼吁保护古镇，开发古镇，正是以长远的眼光在审读这部孤本，呵护这笔遗产。据笔者所知，目前南通境内与余东同龄的诸多古镇，如石港、吕四等均已改建，唯有余东风貌未变，硕果仅存。余东古镇是在特定的地域环境中形成的，那么，我们把它放在同样的地域范围中做比较，可知其价值之重要。"凤兮凤兮归故乡，遨游四海求其凰"，借凤凰翅膀扶摇万里，助余东经济腾飞四海。莫再给后人留下遗憾，否则，当人们踏进余东，只能发出"凤凰台上凤凰游，凤去台空江自流"的叹息时，我们将如何回答？

原载2001年3月8日《海门日报》

余东一地五名的由来

李茂富

　　余东,是一个带有神话色彩的地方,从上古时代起就留下了这样一个民间传说:在天上的灵霄宝殿里,有一只终日盘旋在玉皇大帝上侧的凤凰,久居天空,感到无休止的单调低翔,生活枯燥乏味又冷静寂寞。有一次,它趁着守神童瞌睡的一刹那,偷偷地飞出了南天门……

　　它见到南通胡逗洲东边的江海河流,泥沙易于淤积成陆,大有发展前途。于是便两翅一展,连身带体地降落下来,迅速变成一块三个九十六万步地的沙丘露出海面,成了东经121度,北纬34.24度经纬线上的一块布洲。

　　自此,唐代的余庆寨、李灶港,宋代的吕灶盐场,元代的余东场,明代的凤城都有过光辉的业绩而名闻遐迩。文字记载了它们1 400多年的历史沧桑,饱受了汹涌澎湃的海浪、凄风苦雨的江潮磨砺,成了当时南通州的东大门。余东现为海门市唯一有过城池的镇,而且是整个苏北平原上唯一获得"国家级历史文化名镇"殊荣的千年古镇。

　　人们对余东悠久的历史,似乎还有些迷惑不解,尤其对余东这五个地名的历史变迁感到幽深莫测。现在就笔者知道的,逐一揭开它的历史神秘面目。

余庆:尉迟宝庆避难
在此开辟的处女地首用的地名

　　早在唐永淳二年(683),征东大元帅薛仁贵之孙、征西大元帅薛丁山三子薛刚,在西京长安(今西安)元宵节观灯时打抱不平，当场打死了仗势欺人的总太监张宝，还一脚踢死了欺辱妇女的太子李奇，正在五凤楼上观灯的唐高宗李治，一见此景吓得从五凤楼上跌下摔死，惹下了灭门九族的滔天大祸，薛刚等一班小兄弟都成了朝廷钦犯，幸亏他们都趁乱逃出了长安城……

当时，开国大将尉迟恭的儿子尉迟宝庆亦在其中，知道此祸惹得不小，他怕连累父辈便与薛刚等分手，从长安城杀出，一路东逃至南通境内，见通州市面繁华，人口众多而不敢久留，便策马东行至四面江海环域的一块布洲，借船进内一看：这里沼泽遍地、芦苇连绵、杂草遍野、毫无人烟，是块非舟莫进，战争也不易波及，避难安居的好所在。于是，他们就在这里披荆斩棘、围堤筑岸、垦地种田，安营扎寨住下。由于这里没名没姓无地名，尉迟宝庆即隐其姓名首尾二字，用谐音取名余（余与尉通东话同音）庆。同时该地名还含有"先代的遗泽"之意和"积善人家，必有余庆"的吉祥语。以后，官方发现这里已有人栖息，便将一些犯人流放到这里垦殖。唐开元四年（716）始设盐亭。唐乾符二年（875）余庆与狼山、蔡港、石港、西塞同为军防五寨。（《文献通考》）

李灶：李承实差侄李福民
来此设灶煮盐所得的美誉

唐大历（766—779）年间，朝廷派遣黜陟使李承实巡查两淮，筑捍海堰、保障民田时到余东（庆）地区视察，发现这里是块平原地，上潮时一片汪洋，潮退后满地一片白花花，太阳一照马上成了颗粒状，用嘴一尝咸滋滋的，李承实知道这就是盐子，便命官家叫一些流人在此设灶煮盐，自力更生。

次年，李承实的侄子李福民带了一批人在此设灶煮盐，并围地垦荒和下海捕捞,自食其力,他们便把此地叫作"李灶"。

由于黄海的北撤东移,陆地大增,李福民感到人手不够,于是便命原来的人索性向东向北发展,自主招人,自立盐灶。于是后来就有了沈灶、王灶等十灶。

吕灶：传说吕洞宾与铁拐李
帮助盐民改革烧盐技术

吕灶出于一则民间故事。

一次,八洞神仙中的吕洞宾与铁拐李两人去东海闲逛,途经余东上空,只见海边灶墩连片,灶丁们都光着背在太阳下,面对黄土背朝天地晒盐。忽然发现在众多赤膊子中有一个人穿着衣服,在那里汗流浃背埋头苦干,觉得奇怪,便落下云头一看：却是个年方二八的小姑娘。一问灶丁方晓得叫甄莲,由于她前年死了爷、今年又死了娘,是个无兄弟姐妹帮衬的孤儿。大家合伙拼凑了钱物养她,但又怕她孤苦伶仃一个人在家瞎想寻短见,总是劝她到海边上走走。谁知小姑娘好动,也动起手来干活,这一幕正好被两位神仙瞧见,也觉得她可怜,于是叫她闭上双眼,教她学点好本事,多产点好盐。甄莲是个聪明的姑娘,她心想学本事全靠两只眼看,闭上了瞎丁乌黑的学什么？便开了两眼,可一点也看不出啥,只好开一只闭一只。谁知只能见到一个人在操作,于是只好闭上两只眼,这真奇！两个人的操作她全收眼底。

说时慢,做时快！仅一袋烟的功夫,他俩就叫甄莲开眼。甄莲一看：乖乖,一堆堆雪雪白的盐堆在那里,她情不自禁地喊出了声。灶丁们闻声赶来,两个人却已不见了。大家一回想,这两个人恰像八洞神仙中的吕洞宾与铁拐李,为了感谢他们为余东场生产精品盐,便又取名"吕灶"。

经过甄莲传教后,余东场生产的精盐色白味香又不太咸，因而闻名遐迩，成了皇家朝廷的"贡盐"，并从"甄莲"之名谐为"真梁盐"。二三十年后，吕四场与余东场同获真梁盐甲于天下的殊荣。

余东：余中沙拓大

一场分三沙　东为余东而得此新名

余庆自唐至元朝中期的650年间，由于布洲阻挡了江海河流的潮水，又积淀了潮汐退潮后的泥沙，久而久之，便在各个鸿沟中，淤积成除五里墩向东至包场和王家庙向西至八索镇，有大小两条夹江外，基本上已把整个近百里的布洲联结起来。

官方见这里地多了，于是把大批犯人流放到这里筑堤围岸、垦荒煮盐。又有大批逃避兵荒马乱者从淮北来此避难，再加上从江南又来了大批开垦种田的人，把原来一个仅五六万人的场，一下子增加至近12万人。这样，整个余庆场地大人多。由于当时交通不便，一个衙门场官难以管理，官方也看到了他们鞭长莫及的处境，于是就将余中沙（即布洲）的余庆场一分为三：余中沙中段为余中场（东至八索镇王家庙河，西至国强的丁坎坝），余中沙向西为余西场（东至丁坎坝，西至金沙），余中沙向东为余东场（西自王家庙河，东至头甲海）。

余东场东西全长23.5公里，管有大东灶、小东灶、御东灶、李灶、王灶、沈灶、八甲灶、御西灶、歇御灶、沙图灶等十灶。

自此，余东的地名才正式走上历史舞台，由原来的寨到场，还经历了市和区、乡到公社直到镇，一直以余东为名作为这一地区的政治、军事、经济和文化中心。而且还是40多个星罗棋布般乡镇的通东贸易发展中心。自元至今历700余年，余东这个地名一直沿用至今。

凤城：因地貌酷似一只 栩栩如生的凤凰而得其名

明代，朱元璋一登上皇帝宝座后就考虑："要得江山坐得长，国防建设需加强。"在洪武四年（1371），就命开国元勋、信国公汤和到余东建城御敌，保卫好南通的东大门。

汤和先爬上西边的戴青山高点上一看，觉得古镇倒也挺拔，但遮住了东海（即黄海）的视线，便又向东爬上镇南的古青墩，觉得心旷神怡，尤其是青墩上的蒿子草犹如凤冠一样，青墩就是一只凤头，两口井就如一对凤眼，向北到古镇的一条古道，恰似凤颈，古镇就是整个凤身，店房上的瓦经日光一照，露水会闪闪发光，酷似凤身上的凤羽，古镇北头三条盐车路就如三根凤翎（尾）。四城建成，南城如颈，北城如尾，东西两城如凤凰的两翅，真是一只栩栩如生的凤凰。多好的地形地貌，况且余东又有凤凰落过此地，确是一块风水宝地，便将要建之城定名为"凤城"。因此，万历《通州志》中有"余东场凤城……"及"凤城在余东场……"之说。

当时作为军防建设，以一年一城的速度发展，于洪武八年（1375）竣工。清代《通州直隶志》亦有记载："余东、石港各有城，以土为之分四门，就水道为关。"这水道说的就是四面的护城河。

余东"凤城"呈长方形，东西375米、南北475米、城周长1 700米，向有"一里路长的街，三里半长的城"之说。城高9.3米、宽11米，建有东西南北四城门，人们常以"余东有四城，南通无北门"而自豪。四座城楼中东城楼最高有三层，可以远眺黄海，极目长江，是瞭望敌情的镇海楼，其余三城均为两层，但北楼最大，后来邑人姜锦球中了武进士后，他将原面北背南的城门改成面南背北，同时将中间的城门洞又向东向西开了，为此还招来杀身之祸（具体可见《凤城的故事》中的"腰斩姜锦球"）。城楼上均有城垛和驻军的营房以及报警设施，城前各有吊桥一座，西城最狭，南城最小，城门皆为拱形门洞，南门为拒敌还采用了双门，为兵马进出方便，城前还设有平板吊桥。

东西城毁于抗日战争，北城在解放战争中遭到重创，南城在"文革"的1972年才被拆毁，城虽无，名却在。人们怀念它。余东镇党委、政府善解民意，准备逐一量力恢复，南城正在复建中。

2012年年底，余东与树勋两镇合一，命名为余东镇，面积77.64平方公里，其中余东镇区1.63平方公里。余东土地总面积57 869亩，总户数24 047户，总人口为71 445人，其中女性为35 968人，非农业人口13 427人。

旧时是"一地五名"，现在是"一镇五强"。余东镇党委、政府在市委、市政府领导下，带领着全镇7万多人民，将利用全国历史文化名镇这块名牌，竭尽全力地将余东创建为"工业强镇、农业强镇、建筑强镇、文化强镇、教育强镇"的五强之镇。共同努力使海门能走在南通前列，缩短与苏南的差距，更上一层楼。

原载《海门文史资料》第28辑

余东的"青墩文化"

李茂富

余东的"青墩"表面上看起来极其平常,却是余东成陆1 400多年的历史见证。它就是我们平日所说的"老土"与"血地"。当时它背负城镇,面对滔滔的长江(原江边下圩岸河、后改称红星河的涵洞口),在一马平川的黄海之滨,确实显得居高临下,巍峨壮观。

一

余东的"青墩",仅是明代残留的部分遗址。实际上它东起老和尚坟,西止涵洞口,全长近千米,南北相距亦有千米。整个范围有一平方公里,比余东凤城0.62平方公里还大0.38平方公里,是一块广袤的平原。平时常常三五成群或一家数口及三朋五友去那里浏览。上面虽无什么古典建筑美景,却也有些奇花异草点缀,不过,人一上去便视野开阔,前面是一江滔滔的春水向东流,帆影点点,海阔天空;背后虽隔一座凤凰城池,却能听到北海潮水汹涌澎湃的奔腾之声,使人感到空气清新,精神为之一振。同时身在其境还觉心旷神怡,陶冶自身的情操。这是多么好的一块"凤城福地"啊!

可惜的是明代嘉靖十年(1531)的一次大潮飓涛,溺人万计,境日蹙越……当时风潮盛怒,堤堰溃决,阡陌洗荡,庐舍漂流,禾稼皆损。就连这块"皇封"的"救命墩",也经受不住来自东海(即黄海)、长江的江潮海浪的冲击,东边大部分被冲垮,拥逃至"青墩"这块高地的灶丁、渔民和农夫等四五千人,被随潮殁去十之八九。当时的"双井庄"、"戴青山"亦全被冲毁,余东的土城墙亦被冲圮,仅留四城楼。幸得潮水速退,否则,城中人也难逃厄运。

经过这次飓涛冲击造成的灾难后,余东场人没有丧失斗志,含泪埋葬亲人后,自动组织抢修圩堤、重建新舍,自谋其生。

据传,当时东岳庙(现称法光寺)的首任主持方文释,洪德请愿,愿"圆寂"于"寿缸"(一种装殓僧尼的专用殓具)中置放在"青墩"的东南角以做"镇墩之宝",免得以后生灵涂炭。为了一方的平安,场官当然同意,百姓们也赞成。

以后,好像风平浪静点了。不过这一方的三个九十六万步田还是大灾三六九,小灾年年有,有时甚至"市上行舟",但潮水退得快一些,危及人命的是微乎其微了。也好像这块"青墩"保住了,但人们叫它的少了,而是叫"老和尚坟"。不过这只"镇墩之宝"的"寿缸"中却换了一个又一个"圆寂"的僧道者。我们在20世纪60年代还亲眼目睹了一次。余东城外的北道士观一位年轻道士李慕宾英年早逝,他在临终前要求"圆寂"后也放进这只寿缸中去,以做守护"青墩"的接班人。他母亲与庙董们遵其意愿将原来寿缸中的僧人搬出,不过那死者还栩栩如生,在见风后才化作一摊血水……待换过底座的石灰后,将新"圆寂"的死者放上去,骨头拔得咯咯响,直毕毕的尸体扳成弯曲的坐姿。同时将两手扳合成合十拜佛状,尤其头部竖不起来,而是用原先的铁叉将下巴托住,其母与众人皆泪流满面、惨不忍睹。小孩吓得拔腿就逃,连人晚间也不敢从那儿过。后来,这寿缸无形消失了,但人们又叫起"青墩"来了。

余东真正的无大水灾,摆脱灾难还是新中国建立后响应毛泽东主席"水利是农业的命脉"的指示后,余东人在小圩岸边建了个闸,通吕(老)河进行疏浚,运盐河又贯通,加上农田排水沟通小沟、小河的水通大河,大河又在潮退时开闸流向了江海的连环操作水系,才确保了"青墩"和大片农田,成了绿色的天下,自此以后才真正摆脱灾难,获得了丰产又丰收。

二

余东的"青墩"确实是块"风水宝地"。这里曾由邑人俞应麟自资建造了一座园林,因其地处"凤头"的两眼(即"凤眼")井中,便取名"双井庄"。园内筑有"醉桐阁"、"丹芍园"和"学海楼"等亭台楼阁。这是余东场内唯一私人拥有的园林,令人瞩目。可惜的是在明朝嘉靖十七年(1538)的一次飓涛中被浪潮淹没,人财两损。"学海楼"中的散架书籍全被冲散殆尽。于是灾后人们捡到了不少珍贵的书籍。特别是余东"泰安客栈"的祖先获得一本记叙南通山川、地域、河流及人物等的应有尽有的志书。人们说它是历史上最早的《通州志》。尤其是书中记载了南唐(937—975)黜陟使李承实作为江、浙、鲁三省巡按在余庆寨视察江潮海浪的危害时,面对恶浪滔天,想到这里四五万灶丁、农民与渔夫的生命随时都能危及,决计"筑堤岸镇潮患"为民解难;可是汹涌澎湃的江涛海浪,即使放下千金石也会被波涛吞没。正在他思考对策为难之时,忽有一老人上前献计:"大人可凭皇命用'砻糠治龙王'、'万'民筑堤,定能挡住潮患,保障百姓的生命财产。"

李大人后来便命扬州路派来一百三十艘火龙船,其中七七四十九艘装砻糠,九九八十一艘装包。另外又令狼山、石港、蔡港、西塞等寨的所有青壮年前来协助余庆(余东的前称)的男女老少于八月初三一齐向海龙王开战!

那天,海龙王果然掀起了灭顶大潮,想将东海的前沿防地余庆寨一浪扫平。这里李大人手擎"圣旨",站在船头,中军紧握"尚方宝剑"站在其左,砻糠船紧跟其后,最后是泥包船,船上青壮年个个摩拳擦掌等待开战,岸上男女老少鸣锣敲鼓摇旗助威。这时忽见一浪如擎天柱一样,李大人知是龙王到了,于是一声"令"下,"万民呐喊"、"百船齐发",砻糠随波逐浪全部钻进了虾兵蟹将及龟王鳖相身中,痛得他们抱头鼠窜而逃;龙王的龙鳞内也夹进了砻糠,扎进了龙肉,痒得他无心再战,痛得他撕心裂肺地哇哇直叫,连忙逃入龙宫。泥包船即随波逐浪跟着潮退糠停的残留痕迹立即将泥包逐一堆在千步沙上,并越堆越高,同时"万"民又一锹一锹地挖土填高。

龙王身上的砻糠除不尽捡不完,一连几天没有上"潮"。人们便利用这大好机会夜以继日地轮班操作,结果迅即筑好了余庆寨外海上的第一条防线。它南自大坝起到五里墩,向北至沈灶竖河,折向西经大岸桥到岸头镇形成了一条捍海堰。这是比范公堤更早的一条岸,人们称它为"李公堤"。李承实是皇上派来的,所以老百姓又叫它"皇岸"。同时李大人发现这里潮退后满地白花花的盐花,便又命人在此设灶煮盐,故人们称此地为"李灶"。到北宋太平兴国(976—984)时,余庆寨才改为余庆(盐)场。

这本历史价值很高的书在20世纪50年代被海门县文化馆以2元人民币收去。王氏一家想想舍不得,复去海门追还此书,可惜已被他们送缴给北京图书馆珍藏了。余东镇盛家亦藏有一本上有大字正文、下有小字批语的竖版《三国志》,亦是祖上捡到的古书。他家作为传家宝,子子孙孙都必读,作为生意人精通世故、迎亲接友和文明经商、发财致富的宝书,珍藏得很好,好多收古董的曾以高价收购被婉言拒之。古书在余东有很多,真是不胜枚举。

三

余东的"青墩",自明朝嘉靖十七年(1538)一场飓涛冲击后,除留下两小段的一个山丘外,其余都是一塌平原地。于是,农夫们便把它耕耘成一小块一小块的农田,大户人家雇人开垦成他们的田,更有人把坟墓也筑在那里,大大小小的坟堆真令人讨厌;有座大如明镜的罩山坟(明代坟墓式)特别瞩目。大户人家都把自已已故的亲人葬到这块"风水宝地"上,祈望今后自家能出个光宗耀祖的孝子贤孙,这是余东唯一的罩山大坟。据老人们回忆:过去有人说是崔桐的,也有人说是俞应麟的,不是官儿,不是富有者绝不会有如此排场。不过他们清代的老祖宗告知下一代到他们这一代,从未见到有人来扫墓祭祖过。正因为如此,有些存心不良的人就动了坏脑筋,他们不知何时偷偷挖成了一个能容一个人匍匐爬进的洞口,而旁人见到都疑为"獾子洞",因此也无人敢进洞探窥。实际上是盗墓贼所为。

20世纪50年代,刚解放不久的老百姓正处在恢复生机之时,这时从如皋来了两只大驳船,在南城内的供销社肉店租下了两间门面房收起旧古董来了。这下子余东全城沸腾了,不管穷到什么地步的"乡下人"都有宝出售。如皋一位戴老花眼镜的先生问他们:"尊祖上原来做过官吗?是不是大官?""此货有多少年头?传了多少代了?"来人罔然,不知所答,只回道:"祖上情况不知,只记得我们上三代都是种田的穷苦人。"大多数都这样回答。老先生毕竟是收货老手,见来人答非所问,于是,大"斩"特"斩",把一些自唐宋以来的古货都以市场普通物价的五至十倍收下。而卖货的不知是宝,只晓得卖到了好价钱。这些人一传十、十传百地把家藏的老古董全搜寻出来。就这样,仅五天,两大驳船运回了如皋,这里仍门庭若市,又三船、又两船……十几船收去,他们才满载喜悦而归。临别,老先生丢下一句话,余东确实是块宝地,古董不少,而且都有很高的价值,我是收古董几十年第一次有此收获。可惜余东人不识货。"

20世纪70年代,余东填埋了大量滋生细菌的南城河,原来的板桥已无力承受下面水道的侵蚀。必须石条石板才行。于是人们建议将大罩山坟的圹石板取出用上。当时政府采纳了这一建议,便挖开此圹,只见一崭齐的长石条顶着上面1.50米×1米的大石板计20块如甬道状,而圹中已无棺椁与尸骨,只有四壁的大圹砖与一只大缸装着半缸油和两只酒顶缸。石条石板全部运至板桥上用。因那缸上的东西怕有毒而未动。可是一位胆大的陈老汉偷偷拿回了两只顶缸,掀开一看,原来是陈了不知多少年的黄酒,真是开缸香四里,嗜酒如命地喝了一大碗,不但无事,而且天天筋骨酸痛的病没有了。有人听完向他谋宝治病,他得了钱也治好了不少老病,其效非凡。

可惜那时国家的《文物法》没有普及农村、集镇,县里可能也没这个管理机构,才使余东的宝物散失殆尽。尤其是"文革"中,老古董更遭殃,被四甲东风中学的红卫兵打碎敲坏,不管瓷的、陶的还是古书等在余东中学操场上烧了三天三夜。余东屋脊的龙头,床窗门中的人物雕刻人头全被削去,特别李先生家的四幅吴昌硕先生的画亦被张"造反"抄去。

20世纪80年代修复明代古刹东岳庙时,八根柱底下全是锈了的铜钱也被人抢劫一空,也无人干涉。

余东沉船之谜

多少年来，我们常听到这样的传说：在古代的某一天，有艘满载瓷器的海船经过海门某处江面，突遇风浪而沉没。年复一年，潮涨潮落，沉船早已被历史的泥沙所封存，唯留下一个个传说似烟似雾，扑朔迷离。但我相信，这绝不是凭空臆造，在海门的地下，有古船沉睡应在情理之中。我曾为此几度寻访，意欲揭开沉船之谜，尽管眼前山重水复，但一条线索顿现柳暗花明。

那是十多年前，一封来自余东镇大圩村的群众来信转到了省、市有关部门，信中反映该村发现一艘古代沉船的遗迹，有明确的地点，还有具体的描述和确切的证人。时任南通博物苑苑长的穆烜先生复信余东镇政府，建议他们妥善保护，待条件成熟时再行发掘。闻此，我赶到了余东，借了辆自行车，沿着曲折迂回的天然河道——黄毛蟹河来到了大圩村。

大圩村位于余东镇东南，至明代中叶，这里已沦为大江，其后的200年间，这一带成为长江口的北侧航道。我找到了提供线索的村干部丛桂平、包少桃，村民邱维宝等人，他们口述了一些情况后，便领我来到了沉船的现场。沉船地点在大圩村第四村民组的南首，紧挨五谷河岸，这里原是一条沟塘，世代相传在这沟塘里有条古代沉船，许多人下河游泳或摸鱼，都曾碰到过沉船的桅杆。据说，桅杆有两根，60年代村里种水稻，在塘里抽水后，还常见有根桅杆露出水面。老一辈的人说，早先还见到过桅杆梢的铜包头和滑轮，但不知何年何月被人锯走了。据邱维宝反映，1968年，他和同村的邱洪涛等人曾一起用铁锹挖过这根桅杆，越挖下面越粗，众人便奋力将其截断,但那时铜包头和滑轮已没有了。可惜,截下的这段桅杆早已改作他用,时间一长,已不知去向。然而此事有众多的村民目击作证,看来并非杜撰。1972年,村里曾组织群众挖掘沉船,将水抽干后挖了一天,无奈因人力物力所限,且将危及大片庄稼,只得作罢。

据我实地考察,认为沉船之说比较可靠。估计这是艘较大的明代海船,船上有三根桅杆即三帆船,船长约20米,为东南—西北向沉没,船体略向西南倾斜,至于船中是否装载瓷器等物,尚不得而知。

海门地区历经沧桑变迁,沉船之说颇多,但均无余东大圩村的沉船证据充分。在我们的周围,启东、通州、如东等地,近年来都曾发现过古代沉船,远至唐代的独木舟,近至明代的渔船,而且大多伴随出土过陶瓷器或铜器一类船上的生活用品。海门的沉船至今长眠地下,大概是机缘未到,它还在默默地等待。也许会在将来的某一天,一个偶然的机会,沉船的神秘面纱会被掀开一角,在海门的历史隧道里透露出一个令人惊喜的亮点。

(原载2000年6月2日《海门日报》)

解读余东《张氏宗谱》

邹仁岳

最近，一部见证海门自明初至清末500余年历史的《张氏宗谱》于余东镇重现，《张氏宗谱》记载了许多鲜为人知的史实，解开了许多历史之谜。

靖难之役与张家南迁

公元1398年，明太祖朱元璋在南京去世，长孙朱允炆宣布继位。而这时，朱元璋的许多儿子被分封在全国各地，握有重兵，位高权重，个个都是"老虎屁股摸不得"的角色。朱允炆为消除后患，下令削藩，引起了诸王的不满，朱元璋的第四个儿子燕王朱棣以"清君侧"为名起兵。于是，皇族间为抢班夺权展开了一场长达4年的战争，最后，北方军队攻占南京，朱棣上台。这场战争史称"靖难之役"。同室操戈，百姓遭殃，在这动乱的岁月，一个名叫张元吉的人带着全家从河北故城来到几千里之外的海门，开垦荡田，创家立业，成为张氏迁海门后的第一代老祖宗。

"张"姓是中华民族最古老的姓氏之一，传说张氏最早的祖先是黄帝的第四个儿子名"挥"，因为挥发明了弓箭，后来的他子孙便赐予"张"姓，河北故城的张姓是其支脉。张元吉在故城虽然也算家境殷实，但毕竟是个逃难之人，虽落脚在县城（余东之南），但一家老少吃饭成了问题。而当时海门连遭江侵海迫，许多居民迁往内地，土地抛荒很多，张元吉得到芦荡可耕之地二三十顷，开垦后成为熟田，再招募佃户耕种，于是有了一份赖以生存的基业。

张氏的南迁似乎只是个例，但反映了海门居民来源的普遍规律，即主要由于战争和灾荒，历史上几次大的战争都给海门带来移民潮。一是"靖康之变"，即金兵南侵，宋朝迁都，中原人口随之大批南迁，一部分人经句容转而海门；二是"靖难之役"，除张家外，这一时期迁入海门的估计不在少数；三是太平天国时期。值得一提的是，张氏南迁不是一般意义的逃难，而是避世隐居，《张氏家谱》强调了这一点，认为"贤者避世"，"非明哲达人孰能洁其身而去之乎？"。"靖难之役"是皇室间的内部争斗，没有是非之分，张氏先祖不愿意卷入这一政治漩涡而远走他乡，符合当时封建士大夫的思想倾向和行为准则。

张氏到海门后，几代人都以农为本，但到了第四代出了个读书人名叫张成（字九韶，号北海），于是有了明代探花崔桐与张家的两代情缘。

崔桐与张家两代情缘

崔桐（1478—1556）于正德十一年（1516）参加国家级科举考试中第三名探花，后历经官场沉浮，最高官至礼部右侍郎，这是海门历史上第一位省部级官员，而他的老师就是张氏第四代孙张成。张成从小才学出众，18岁时就作为贡生被选送到最高学府国子监学习，回乡后从事教育，他的名声倾动海内，崔桐就是他培养的得意门生。张成还有一位学生叫钱铎，在崔桐考中探花后的第三年，也金榜题名考中进士。钱铎后来任刑部郎中，升肇庆知府，又升广西副使。连续二科出了两位进士，无疑是地方盛事，创造了海门教育史上的第一次辉煌。张成死后，学生崔桐、钱铎将他的文章诗赋结集刊印，名《北海遗稿》。崔桐编著的嘉靖《海门县志》录有张成《游会圣寺》一诗："凌云楼阁几层层，法界停骖快一登，古柏经年巢老鹤，闲云终日伴高僧。屏开翡翠堪题字,碑卧麒麟已失棱,幽兴逢春真不倦,醉歌禅榻话残灯。"可窥张成文采之一斑。

张成的大儿子张鸣鹤,奉父命从小随崔桐游学,结为师友。后来张鸣鹤乡试考取举人,50岁时当上了钱塘(今杭州)教谕,相当于现在的教育局长,算是个不错的职位。张鸣鹤的连襟名叫夏言,是当朝宰相,权势倾国。明朝后期吏治腐败,跑官买官盛行,许多人找关系走后门想巴结夏言,可是张鸣鹤却故意避而远之,并没有利用这层关系"跑部进京",即使见面也是干巴巴地两手空空。夏言很不高兴,当面不说,背后通过他的老婆传话暗示,可是张鸣鹤不但不给面子,反以语言得罪。不多久,他被调任河北容城知县,按级别也算是平调,但容城是个贫困地区,和杭州不可同日而语,不知不觉他被穿了小鞋。

那个时候,崔桐也曾为屡次劝阻皇帝南巡而遭贬斥,共同的志向,相似的经历,使他对这位师友深表同情和敬佩。张鸣鹤赴容城前,崔桐以诗相赠:"萧萧易水寒千古,野草三台谁比数,朔风燕雪不留春,百里千家今几户。使君惠爱飞甘雨,郎松山下清风吐,奏功归去下双凫,欢呼满县桃花舞。"表达了他们的深情厚意和思想抱负。

张鸣鹤到容城后为官清正,关心民生,平反冤狱,深得百姓爱戴。不久,夏言遭严嵩诬陷而被撤职,严嵩篡夺宰相大权。一场新的政治风暴正在酝酿,张鸣鹤面临的是更为凶险的考验。

不畏权贵 救助忠良

明朝嘉靖年间(1522—1566),皇帝昏庸,奸臣当道。严嵩在陷害夏言后,出任宰相要职。他重用亲信,排斥异己,贿赂公行,贪污盛行,朝野上下,怨声载道。任兵部员外郎的杨继盛带头"炮轰",列举严嵩十大罪状,弹劾严嵩,反被投入大牢，惨遭迫害而死。

很多人看过越剧《五女拜寿》，剧中主人公杨继康就是杨继盛的堂弟，因受株连被抄家撤职，几个女儿女婿纷纷与他划清界线，唯有养女三春与他相依为命，患难与共；最后严嵩倒台，冤案平反。戏剧是在真实生活基础上的虚构，而在同样的年代同样的事件中，有一个更为感人的故事，它的主人公就是余东张氏的第五代先祖张鸣鹤。

当时，张鸣鹤任容城知县，而杨继盛也是容城人，两人又是同科中榜。杨继盛虽在京城做官，职务又高于张鸣鹤，但他十分尊重家乡的这位父母官，并叮嘱自己的家属亲友不要仗着他的名义麻烦知县。张鸣鹤也十分敬佩杨继盛的学识和品行，共同的志趣使两人结下了深厚的友谊。

杨继盛蒙冤入狱后，原先的许多亲友同事都害怕受株连而与他断绝关系，唯有张鸣鹤不畏权贵，不避嫌疑，经常派人给杨继盛送去生活用品，而且厚待他的家属。杨继盛十分感激，临刑前，留下遗书一封，将张鸣鹤视为"知己"、"同志"："每寻患难乐处，常若有得自知己"，"扬眉吐气于桎梏之间，则此时尤为清明之世矣，庆幸之私敢与同志告之"。书中还委托张鸣鹤为他复原遗体（古代行刑采取斩首，故需复原），安葬家乡。杨继盛死后，他便辞职挂冠而去，回到家乡海门。

张鸣鹤还乡后，不问世事，终日弹琴著书，"邃于学问，无意于仕"。严嵩本想整他，只是没有把柄，只好作罢。杨继盛之死使他看清了官场的险恶，从此不再做官。身后留下《盐政书》四卷和《平倭策》一卷，盐政和平倭是明朝的重要国策，可见张鸣鹤研究的不是一般学问，而是国家大政方针，只因当时政治黑暗，他未能真正施展自己的抱负。

助教兴文　造福乡邦

余东有座文昌宫，始建于明代，《张氏宗谱》记载，文昌宫是由张氏第九代先祖张文先创建。"东城之文昌楼，为公所创建，至今犹称道之，又于文昌楼前环澹一泉莳荷于其中，名池曰'芙蓉池'，为暇时游观之所。"

张氏南迁海门后，数代繁衍，人丁兴盛，出了不少读书人和做官人，与当时海门的许多文化名人，如崔桐、彭大翱、丁腹松、丁有煜等往来密切，是有名的书香门第。海门到明代后期，已三迁县治，江坍城没，县城搬到了余中场，张氏家族也随之内迁，分散到了余中、余东、吕四等地。张文先"始居余东城"，由于江坍，祖先的田地也荡然无存，家境并不宽裕，但张文先好为义举，地方上的公益事业，他往往带头倡导，或慷慨赞助，建造文化教育设施，助地方文运昌盛，造福子孙，功德无量。虽然文昌宫在抗战期间被毁，但绵绵文脉，无法阻断。21世纪之初，余东镇政府重建文昌宫，芙蓉池也整修一新，再现历史盛景。

其时，张家的另一支张国威也随县治的迁移而迁往余中场，"是时，江日内蚀，县治迁入州境余中场，公乃就余中东五总依运河之浒建宅居焉"。张国威的儿子张光鉴急公好义，敢于出头。县治东边的学宫年久失修，他倡议维修，历时6年才完工。县南有座兴贤闸，南通大江、北达运盐河，"实为腹地旱涝输泄之要防"，由于日久颓废，他又出资改建，"一时之资，以灌溉者且百年"。岁月沧桑，学宫与兴贤闸等古迹早已消失，但他们倡导的传统美德和助教兴文之风却流传至今。

（原载《海门日报》）

余东场的衙门

李茂富

衙门,是旧时官吏办事的地方。过去,大家只能从"堂堂衙门八字开,有理无钱莫进来"中得到一点了解。但余东80岁以上的老人都见过它的旧貌。

余东衙门东临护城河,在镇海楼侧,南隔芙蓉池与东岳庙为邻,西隔庙河与城隍庙相望,北枕城隍庙与水路交通。

余东,原名余庆,是通东的盐业中心。自唐开元四年(716)建盐亭场,在开元十年(722)时又设余庆寨(《文献通考》),到北宋年间始设余东场(元丰《九域志》),太平兴国年间通东只有余庆场一个,宋天圣年间增设了吕四场(《太平寰宇记》)。元代时余中沙形成,由于土地拓展,盐产增多,官方将余庆场一分为三,设余西(宋时无余西)、余中、余东三场(万历《通州志》)。直至明洪武八年(1375),建凤城于余东场,洪武中期余东场署大使(即场官)张仕能、副使程徽建大门南向照壁墙一座,门东为土地祠,西为财神祠,内为库房,东西各三楹,大堂内厢房四楹,二堂西出为宾庙、书室,又西凉厅三楹,前后荷花池,最后三堂,西为住宅东为厢(《两淮盐法志》)。清雍正十三年(1735),余东场大使王馨重建余东场署。清乾隆四年(1739),余东场大使王嘉俊重建旧场署(光绪《通州志》)。

综观余东建场,自唐至清以来的场官都由皇上赐封了不知多少。仅清代的278年之间即换了58人。担任场官的有吏员(八品)13人,贡生(八品)8人,举人(九品)7人,监生6人,附贡2人,其他皆恩贡、拔贡、生监、荫监者,大多来自全国各地,其中直隶州9人,浙江8人,顺天府与江西各4人,其余为山西、陕西、河南、河北及湖南、湖北、广东等地人士，无一本地人。这些场官平日固守衙门内，出门即乘六人大轿（九品者乘四人大轿），前有鸣锣者开道，随之就是高举"回避"、"肃静"与"余东场运判大使"（即场官）的捐牌，紧跟着在轿四周的差役前呼后拥，一路上威风凛凛，路人见之即让道，跪在一旁恭候他过去……若有不识时务挡道者便被揿下打20大板。

这些场官既管灶地、钱粮和盐务，又兼顾民事诉讼，常以兴修水利、建筑道路等名目敲诈勒索百姓，真正为民办事的却很少很少。顺天府宛平人吴均任场官自清乾隆五十八年至道光三年（1793—1823），接任场官的徐庆威自道光八年至咸丰元年（1828—1851），这两人任职均达二三十年。其余任职时间较短，十年八年的为数不多，一般都只有两三年，尤其光绪二十六年（1900）一年中就换了袁国藩、赖丰烈两人，更有光绪三十年（1904）一年就有娄赐书、边承荣、唐雨功三人做了"短命官"。特别是同治二年（1863）的李余庆因与角斜、庙湾、草堰场等场官、知府及通州分司将赈灾、护堤款捞入自己的腰包，导致范公堤决堤而淹死数万人，被民众状告到京城，皇上下旨将这些贪官全部革职以示惩戒。民国初年，对原清代场官仍留职，直到民国六年（1917）才将他们赶出历史舞台。

民国十八年（1929），余东民众在红十四军的带领下火烧了衙门内存放钱粮账本的栈房。抗日战争时期的1941年，民众拆去了这座官府衙门，将它运送到要坝，堵塞运盐河水道，使四甲的日寇不能由水路东侵。余东衙门自此才从人们的视线中消失。

（原载《海门日报》）

一截残碑

赵蓓莉　邹仁岳

　　你可能没有亲眼看到过清朝皇帝颁发的圣旨和公告，近日在余东镇，我们荣幸地看到了清朝皇帝颁发的一块公告，尽管它残缺不全，但从它残存的碑文中我们却依稀看到了当年的历史信息。

　　该镇庄女士收藏的一截残碑为青石质，碑体两侧均雕有云龙纹饰，雕工精细，碑宽52厘米，高仅存40厘米左右，上下部均已残缺，可辨文字有70余字，记录为："……勾结牙行船户包带私货……宜三载宾与抡才……奏勾串牙商包揽客货……禁止嗣后乡会试文武举……躲税即著严密查拿先将……永为定例钦此。"立碑者分别是"两江总督、江苏巡抚、江宁布政使、通州知州、州分司运判、余东场大使"。立碑时间已缺失，但从官署衙门的名称看，此碑应是清代所立，只是不知道确切年份。

　　碑体残缺，文字不多，无法通读，要想完整理解碑文意思十分困难，但从仅存碑文中我们可以知道这是一份以皇帝的名义颁发的禁止官商勾结、逃税漏税的公告，从一个侧面反映了清代余东政治、经济状况，具有重要的历史价值，也有一定的现实意义。

　　碑文中提到的"牙商"是指中国旧时对城乡市场中为买卖双方说合交易并抽取佣金的中间商，明清有"官牙""私牙"之分，"官牙"由政府指定，"私牙"也须经政府批准并领取营业执照，到近代，牙商也称为经纪人。"牙行"是指牙商行业组织，负有代官府监督商人纳税的责任。"钦此"都是用于由皇帝亲自颁发的布告或圣旨，碑体饰以龙纹代表皇权，可见此碑的权威性。从碑文中我们可以看到古代余东商贸活动水上运输的繁荣，那时，余东场是盐业重镇，盐运十分繁忙，也带动了其他行业的兴盛，但在经济繁荣的背后，一些官员与不法商贩相互勾结，走私货物，逃避税收。以皇帝的名义严厉查办，可见此类情况之严重，也可见当时朝廷反腐败的力度。

　　庄女士告诉我们，这截残碑是她奶奶收藏起来的，奶奶出身于大户人家，但爷爷家却以打铁为主。据介绍，当年在余东镇运盐河两岸有4至5个码头，两岸非常繁华。这截残碑是如何保存至今的，他们也说不清楚，平时也只是将它作为普通石头使用，想不到还有些价值。

　　　　　　　　　（原载2008年1月21日《海门日报》）

余东发现300年前药瓶

记者何新华报道：3月20日，家住余东镇人民北路46号的程洪明从自家即将倒塌的百年老屋床底下发现一只药瓶，药瓶的一面印有"康熙己卯开张余东"，另一面印有"王北仁寿堂"的字样。昨天，记者同我市文物办邹仁岳先生一起驱车赶往余东了解实情。

来到药瓶的保管者陈振东先生家中，我们看到了这只有2寸高的白瓷青花瓶，估计是当年装药丸用的。根据天干地支计算，"康熙己卯"为1699年，这证明余东老字号"仁寿堂"药房的历史要追溯到1699年，比业内原先认定的1865年向前推了166年。

据"仁寿堂"最后一任掌柜王凤琪的亲戚介绍，当年富甲一方的王家在余东老街有十余排房子、店面，有人称王家为"王半街"。对当地文化颇有研究的李茂富先生说："仁寿堂"有南仁寿、北仁寿之分，南仁寿在明末清初建立，北仁寿在其后才建立，一直经营到新中国建立前才倒闭，是余东老居民人人皆知的药店。

邹仁岳说，药瓶本身的观赏价值并不大，但药瓶上的字对研究余东老字号"仁寿堂"的历史有一定参考价值，对研究整个余东古镇的发展也有一定作用。

（原载2007年3月22日《海门日报》）

东台崔氏凤城寻宗亲

东 业

近日,盐城东台师范学校原校长崔一良一行,风尘仆仆来到余东寻宗亲。

根据崔氏家谱记载,明初洪武年间(1368—1398),苏州阊门石头巷崔氏三兄弟及子孙,北渡长江迁至盐城西乡、泰州虎墩(今东台富安)及海门余东三处。现在盐城、泰州两支汇聚一起,互叙宗亲,相商以续家谱,但独缺海门一支。于是,委托崔一良前来寻亲。

看到他们余东寻亲的急切心情,我不禁想起了很多。

吕四民间有白茆抽丁传说:明朝洪武八年(1375)吕四海啸,3万人淹死。于是朝廷下旨,从白茆(今属常熟)抽杜、卢、季、周、毛、彭等姓,连同祖宗枯骨,举家迁往吕四,永不回原籍。此传说虽不见史载,但吕四老人都这样说,也有家谱佐证。

现在看来,余东也有洪武赶散的移民。

所谓洪武赶散,是指明初朝廷强制性移民。这里是说从江南移民40多万到江北垦荒、煮海。

崔一良告诉我们,民国《续修盐城县志》卷十四引凌兰孙《凌氏谱》:"元末,张士诚据有吴门,明主百计不能下,及士诚兵败身虏,明主积怒,遂驱逐苏民实淮扬两郡。"这一说法认为,朱元璋是为了报复张士诚,而对苏州百姓实施了惩罚性移民。其实是朱元璋为了江北的经济发展,为了朝廷增加税收,而有计划地移民。

崔一良还告诉我们,据《盐城西乡崔氏族谱》记载,崔氏后人分散各处，插草为标，安家落籍。崔氏三兄弟后裔置田产无数，跨县越府，南到长江口，北到废黄河，有"南到海、安（海门、富安），北到淮室"之说。至明嘉靖年间的150多年里，三兄弟后裔一直亲密无间，共同祭祖。五年一小祭，分别在海门余东、泰州富安、盐城西大崔庄进行；十年一大祭，回苏州阊门寻祖。

显然，崔氏先人们也在余东相聚过多次，以至他们的后人仍然对余东有着美好的向往。他们寻到了余东北街十八弯巷明代政治家崔桐的故居遗址，与崔氏二十二世孙海华（63岁）夫妇交谈甚欢，还指着崔桐故居留下的"门枕石"、大院门"条石"等历史文物滔滔不绝地介绍，话语之中不无自豪感。

他们在法光寺附近找到了另一崔家，崔家主人只记得他们是崔氏21代，原来的资料和信息随着崔氏父兄的离世而消失。

他们走街串巷，在凤城"姐妹井"附近，巧遇回乡"隐居"、研究古城的作家梁真。梁先生说，应该能找到，有些崔氏散居在余中、余西、兴仁、南通城一带，他将帮助共同留心寻找。

崔一良说，他在明代万历四十年本《虎墩崔氏族谱》的八世祖崔星作跋的《族谱后序》中看到"往年，海门崔东洲公弟一江诸人以吾同族期合谱，吾族人不赴，疑于世次耳，非特避嫌也。今姑苏传有崔家巷在，当必有崔氏子孙得绵其先祖之祀者，亦可以慰我子孙报本无穷"。

原来，海门有两支崔氏，一支是崔桐崔氏，世居海门，"自赵宋南渡至今"；另一支是洪武赶散崔氏、"跨县越府"的大户。这两支海门崔氏，明代万历年间（1573—1619）想"合谱"，而洪武赶散崔氏因"疑于世次"与"避嫌"攀高枝，就到姑苏崔家巷祀先祖而不再聚会海门余东。这是海门余东失去联系的原因。

但还是可找到蛛丝马迹。在明嘉靖《海门县志》中有篇万历初年附录的海门知县夏尚忠的文章《兴贤街记》，表彰了大户崔氏在县治东让田建街的事迹。此崔氏当不是崔桐的一支，否则不会不提到崔桐。光绪《通州直隶志》还记载：崔桐故宅在旧县治东。万历初年两崔就混居一处，且两崔合谱，怕是两崔后代再难分清自己是哪一支，或许都称崔桐后人了。

崔一良离开余东后，握着余东崔氏兄弟的手，宗情浓浓，依依难舍。我看他们的脸庞、眉宇，分明有几分相像。600年了，崔一良按崔氏家谱字辈，是22代；而余东崔氏，一个说是21代，一个说是22代。他们的排辈，崔桐族是从崔桐始，洪武赶散支，是从洪武初始，相差120多年，排辈却如此相近。

莫非，崔一良寻宗亲说是未遇，其实就在眼前。

（原载2013年12月9日《海门日报》）

崔桐其人其事

李茂富

崔桐（1478—1556），字来凤，号东洲。是明代海门县的官宦后代。

崔桐一家世代为官，曾祖父崔璜是余东场的万户侯；祖父崔润做过湖广、郴州同知；父亲崔昆系翰林院编修，成化二年（1466）任过浙江天台县丞；崔桐子崔有继恩荫入监，任钱塘知县……

崔家治家极严，崔桐天资聪颖，幼时即以"奇童"闻名乡里。9岁，他就能写出一手好文章。明正德十一年（1516），他参加乡试获第一名。次年（1517），殿试又中进士第三名（探花），授翰林院编修，时年39岁。

崔桐为人忠厚廉洁，不求荣禄，说话直率。他自己说："奉职太愚、自处太高、操持太执、语言太直。"因此，仕途坎坷。明武宗南巡，他与同事联名上书，遭受斥责，罚跪午门外，被廷杖，并扣罚半年薪俸。嘉靖三年（1524），他又"谏议大礼"，再次受斥责，被关进监狱。出狱后，贬为湖广参议。嘉靖八年（1529）任督学副使，又转任福建参政、浙江副使。在此任上，有一个叫王一贯的犯了案，有人以千金巨款行贿，崔不为所动，后又胁以权势，他更不屈从。不久，崔桐调任辰沅兵备，在平安教化山寇、平定土著族人争地中立功受奖，后升任南京太仆寺少卿。嘉靖二十四年（1545），崔桐任礼部右侍郎。嘉靖二十八年（1549），朝中又有流言蜚语中伤他，崔桐便以年老请归，时年70岁。崔桐于嘉靖三十五年（1556）病故，享年78岁。

崔家后人众多，散布在余东、吕四、三阳、万年、树勋等乡镇，还有后裔在无锡等市工作。在余东的家中，也有后人守着老宅，并有当年的大门门枕石等遗物为证。在老家，殷忠庙仍存在，仍有人敬香祀拜，庙旁住的大多是崔姓的人，而且殷忠村的村名也是为了纪念崔桐而保留下来的。

一、少小神童奇　崔桐难塾师

崔桐小时候就很聪明，被乡人们称为"神童"。他的母亲盼望他能读好书，今后也像爷爷、爸爸一样做官，光宗耀祖，显赫门庭。

一天，从外地来了个塾师，崔桐母亲准备请他在家启蒙崔桐读书。塾师见崔桐幼稚，怕他学不好反辱自己的名气，于是考问他："我提个问题，不希望你直接答，一定要用比方的办法，或者转弯抹角告诉我，答对了我就教你。"塾师随即出了个"你家上代做的是哪一行"？塾师刚一落口，崔桐便不假思索地随口答道："我家上代不干三百六十行，在家是我爸，在外是人爷！"

塾师一听呆了，三百六十行都不是，哪有做人爷的这种行当？看来，这个孩子是个不太聪明的小滑头，便拒绝为他开蒙。崔夫人见塾师面呈难色，便责怪崔桐："小小年纪，哪能如此称自己的爹。"崔桐说："他要我转弯抹角答题，我才这样比方的。"此时塾师才恍然大悟，原来他爹是百姓的父母官，连忙说："答得对！这孩子比方恰当，今后一定有出息！我就在你家教你。"

由于崔桐天资聪颖，又能刻苦学习，9岁时便称为"奇童"。塾师自知不适，便提出："请你家另请高明，他的前途无限，我不误他。"崔夫人只得另请他人。果然崔桐中秀才中举人又中了进士，高中殿试第三名的探花，后来官至礼部右侍郎，成了海门古代历史上最有声望的一个人。

二、老佣撞地摊　题诗解危难

一次，余东城里演戏。老家人殷忠奉崔夫人命，带崔桐上城看戏，直到太阳落山时戏才散场。回家有三四里路，太晚了怕受夫人责怪，殷忠心急慌忙地领着公子在街上走，不小心碰到了店家门口的摊子，幸好货物未有损伤，可店家蛮不讲理提出要赔损失费。崔家虽然几代都在外为官，可都清正廉明，家中过着普通平民的生活，崔桐自小节俭，从来不花零用钱，所以身上分文没有。店家欺他们一老一小，不赔不饶，便把他俩拖进衙门。

场官一问案，原来是崔大人家的公子小神童，便对崔桐说："此事问题不大，就是店老板不服气，你们只打招呼，不帮他捡货又不赔钱，有点理亏。不过，我们也不能乱打板子。我的意见，崔相公是否当场作一首诗，让老板舒舒气如何？"崔桐一听，略作思考，便信口拈来：

星月初露更未响，店家忙碌门未关，
老佣心急碰倒摊，老板直闯带进堂。
衙役收班已回家，欲想敲锣锤不见，
两人虽争未动手，老爷收板入库房。
无心撞摊没操作，还望老爷饶恕他。

场官一听，不由拍案叫绝，十句打油诗里含了不打更、不打烊、不打点、不打鼓、不打差、不打锣、不打架与不打板的八不打。真不愧是个小神童！场官转身向老板，你看怎样？老板连说："八个不打，说得合情合理。事实上我也有些硬蛮，求大人放了他们吧！"

场官老爷一声"好，大家都回去吧！"大家反而友好起来，互相打着招呼离开了衙门。

三、僧尼遭责贬　续联保寺庙

余东的东岳庙建于明代，是由吴氏祠堂改建而成，因此西楼房住的都是吴氏一些看祠堂的寡妇（被称作尼姑），东楼房住的全是庙里的和尚（即僧人）。一次，奉旨前来暗访严嵩门徒姜锦球劣迹的巡按王大人看到后，觉得这有伤风化。他便在庙内写下"东和尚、西尼姑，不成体统，糊糊涂涂"的上联，要他（她）们三日内对出下联，否则将封闭此庙，驱逐这些僧尼。

东岳庙内这些和尚、尼姑，出身贫寒，皆是些无家可归之人（含一些有家不许回的寡妇），既无文化，更无吟诗对联的本领。于是，功课也无心做了，人心惶惶，闹得庙内死气沉沉，哭声一片。僧尼们的哭泣声惊动了隔壁文昌宫内正在聚会的文人。大家过去一看一问，才知为了墙上这一上联，大家亦难答，便公推崔桐续联。崔桐笑道："这有何难，大家不用伤心，拿笔来！"于是，崔桐接过笔，蘸上墨，刷、刷、刷，便把十六字的下联补上，众文友一看下联是"南东岳、北观音，各司其职，明明白白。"

第三天，王大人来了，一看下联工整得体、比喻得当，连说："对得好。"此言一落，如大赦令一样，众僧尼连忙跪谢。

四、鲤鱼跳上船　相公中探花

明正德十三年（1518），京城科考，崔桐由妻子陪伴上京赴考，争取功名。那天，风和日丽，他们就近从王灶河隘口上船。当崔桐夫妇俩刚站在船头时，突然"哗"的一声，一条红色大鲤鱼从水中跳出。

鲤鱼跳上船头，这是人间的大好喜事，况且又值赴京"跳龙门"赴考之际，真是一支预兆吉祥的"上上签"。崔夫人连忙向丈夫道喜："鲤鱼跳上船，相公必定中状元。"崔桐为人忠厚诚实，认为自己不一定能高居榜首，便回了句"中状元固然好，这是梦寐以求的。不过，能中个探花也就心满意足了。"结果到了京城一考，果然应了那句"脱口话"，中了个进士第三名的探花。但是，余东人还是叫崔桐为崔状元。

五、场官见京官　羞搭磨子桥

李家大桥旁的何员外嫁女回门,请了许多亲朋好友。作为叔辈舅舅的崔桐应邀到他家吃"回门酒",此时他已是翰林院编修,可这位"京官"还是普通秀才的打扮。认识他的人不多,他一来就不张扬,并把佣人支在旁边,自己躲在书房中看书。

这时,外面锣鼓声响,余东的场官老爷乘着四抬大桥,耀武扬威地也应邀前来,何家一门老小和诸亲众友都跪在场中迎接这位大人。场官本是八九品的地方芝麻官。不过,他的威风挺大的,大摇大摆地走进大厅。忽见厅旁书房内有个秀才在埋头看书,对他的到来视若无睹,惹怒了他。于是,场官来到书房怒气冲冲地要这位秀才通名报姓。那秀才却心平气和地说:"老爷,还是不问的好!"场官一听更来火了,一定要秀才通上姓名。崔桐慢悠悠地说:"鄙人姓崔名桐,字来凤……"场官一听这名字,扑通一声跪下,连说:"小的该死,小的不该冒犯大人,还望大人恕罪!"崔桐未加责怪,只说了声"起来吧!算了。"场官连连责怪了自己一番,便偷偷地溜走了。

场官来时走的大道,回去时匆匆走小路。谁知,走到老和尚坟那边,有条小横沟挡住去路。他见东边磨坊有两块废磨在墙角,想搬来搭桥过去,可文质彬彬的他无论如何也搬不动,于是只得花钱请两个人搬来横在沟面上,就在那里搭了一座磨子桥。

六、府址十八弯　睦邻皆和善

崔桐原来家住殷忠村的崔家园。由于该地西靠长江、北靠海,连年遭受水患,常被潮水淹得一塌糊涂,崔府的房屋遭到严重破坏。地方官为了保障崔家的生命财产安全,将崔府迁至余东城内,从石牌楼折东向北划出了一方土地。朝南大门巍峨雄威,一进三堂、四关厢的院落气派非凡,大门前有文官下轿、武将下马的大空场。

一天,崔桐在京上朝回府后,收到家中妻子的来信:东边人家建房欲超前三尺,有碍当地"东不超前"的风俗,同时是"青龙头",有伤下家(即下首)主人,望接信后马上回家制止,不能让人家欺到我家头上。崔桐看完信后哈哈一笑,随手写了封回信:"千里捎信只为房,不禁使我笑断肠,哪家没有左右邻,管它青龙又何妨……"妻子原是大家闺秀,甚知人情世故,左思右想觉得丈夫的话不错。古人云:"邻舍好,赛金宝。"于是,没有与人家去论短长。人家见此,亦自觉缩后,没有制造"青龙角"。

未有多长时间,又有人家在西边中间空了五尺路,一南一北,各砌三大间,和崔府房子形成三角。下人告诉夫人,这是"铁叉式"的房子,他们两间房子像把"铁叉",一前一后地叉头对着崔府,有伤崔家风水事小,有碍主人性命事大。崔夫人一听,又写信给丈夫。崔桐看后,又回了封信:"来信又是为了房,可知百姓建房难,铁叉伤主不足信,墙外之事你少烦。"夫人看后一想,百姓干了一辈子,省吃俭用建点房,买地买料不容易,本身就已艰难,如再遇停工确实难上加难。他们的"铁叉房"在我家围墙外是公地,我有何权利去涉?后来,两家人家听说了此事,感到崔夫人身为京官之妻,不为私事而骑在百姓头上作威作福,我们也不能"得福不知福"。于是,亦主动适当做了些调整。这样,双方都满意。由于崔家为人和善至亲,因此大家都向崔桐家靠近建房,本来一所清静所在,未几年四面邻居,变得异常闹猛。

转眼又是几年,崔桐告老还乡。一看,府第前的空场没了,他笑言道:"这倒省了我的接呀送的。"再一看,整条巷弄这边一凸,那边一凹,东挺西瘪,前高后低,南斜北歪,左曲右折,蜿蜒幽静十几段。不免笑道:"这巷子真像十八弯了。"自此,人们就管这条巷子为"十八弯",一直流传至今。

七、为己拆文庙　捐建文昌宫

崔桐中探花,对余东文人是莫大的鼓舞。当时,本镇名门望族的张文先听说崔桐回家省亲(明嘉靖十五年,1536),便出面陈述欲建一文昌宫。崔桐很赞赏,亲自选址在余东场衙门前,南护城河旁。文昌宫造得殿宇宏伟、气势非凡。谁知好景不长,崔桐因刚正不阿触怒皇上,受到贬罚,地方官员误把张姓投资所建的文昌宫当作崔桐所建而拆毁。

后来,崔桐昭雪平反复升职位,即命家人在原址上建一简陋的五间平房的"明伦堂"作为文人聚会场所。现文昌宫已改建为文昌阁,更加巍峨壮观。

八、孝母三年整　写志记海门

嘉靖十五年(1536),崔桐母亲在家乡病故。按旧时礼俗规定,为母守孝必须三年,待"脱孝"后方可再工作。因此,崔桐丁忧回乡。

时任海门知县的吴宗元(又名吴石候)得悉崔桐回归故里为母守制的消息后,便去崔府邀请崔桐(时任南京太仆少卿)利用这段守制时间为地方上写部《海门县志》,崔桐乐意地接受了吴知县的邀请。

崔桐根据邑人尹玺任寿昌县知县(今浙江建德)存留的成化《海门县志》残稿,加以整理、补充、归类,修成嘉靖《海门县志》,较为详尽地记载了海门政治、文化、风俗等历史,体例缜密,至今仍是了解和研究海门历史的宝贵资料。吴知县在本志最后写了篇《书海门县志后》。他说:"太史东洲崔公(即崔桐)纂辑《海门县志》时,持论公正严明,记载认真不滥,足称海门县的信史。"

九、巧傲嘉靖帝　免赋余东场

嘉靖年间(1522—1566)崔桐回家省亲,发现海门连降暴雨,运盐河河水上涨,堤破圩倒,潮水席卷,土地房屋尽淹没。眼望庄稼颗粒无收,百姓苦不堪言。官府不予救济,而田赋照收不减。不但已荒芜的田地要交税赋,而且没在水中已无收成的也得交,甚至十有八九的土地已被江潮海浪冲击还得包交,真是逼得民不聊生。百姓纷纷提出:地已冲没,田已颗粒无收,用什么来交啊!

崔桐悲愤填膺当即感赋一首:

十年乡梦白云涯,归日残墟欲泛槎。

野哭有人悲税役,春农无地种桑麻。

鱼龙水阔通层汉,雁鹜烟深影断沙。

心折可堪回皓首,啸歌沽酒醉渔家。

崔桐回京后,朝见嘉靖皇帝。天子问他可有本奏。崔桐说,下官回乡省亲有感赋一首,呈万岁御览。天子接过一看赋词感慨万千,便问:"卿家乡究竟怎么样?"崔桐说:"我们那里江海泛滥、满目凄凉,百姓都处在水深火热之中,他们承受不了这种灾难,只得携老带少,背井离乡,出外逃荒。地方官仓无赈,现在百姓已经衣不遮体,食不果腹,自己粒米皆无,何来赋税⋯⋯"嘉靖帝见此即道:"卿家不必为百姓担忧,朕即传旨下去,从今天起,你的家乡准予免赋三年,并命余东场内六大钱粮房有粮赈粮、无粮出钱买粮赈灾,若有怠慢,由官府没收全部家产充公赈民。"崔桐谢恩后,圣旨即下,余东场衙门与余东六大钱粮房只得遵旨办事。余东场内万民拥戴,面对京城高呼万岁!

十、江浙巡按时 提议建鹤城

明朱元璋登基后,对南通沿海一带的海防尤为看重。洪武四年(1371),即派信国公汤和在石港和余东建了城池,以防倭寇从东海入境骚扰。两地建城后发挥了很大的防卫作用。但嘉靖时,倭寇常从吕四登陆,骚扰吕四及江场(即六甲与包场两地的旧称)一带,有兵把守的余东城也鞭长莫及,待到兵至,敌人却已下海逃去。嘉靖三十六年(1557),崔桐任江浙巡按,发现吕四镇那里有块地方倭寇容易躲藏。于是，向朝廷提议，在吕四建一城池以防御倭寇。皇上准许，并拨银四千三百多两，由张九功负责主修。为了城基的牢固，当时选吕四的十八总及西宁的二十七总两地各挖上一土方秤而比较之。最后，因十八总的土比二十七总的土重而选做吕四城砖土，第二年的四月方竣工。城池周长1 540米（余东城为1 670米），高5米（余东城高9.3米）。城上与余东一样，有雉垛并排，城门四座，水关两道，门上有楼并有兵士驻扎看守，朝廷还在吕四设有壮捷营、壮威营，并设置烟墩36处。

  吕四（又称"鹤城"）建城后，在嘉靖年间，淮使兵备副使张景、苏北兵备副使熊桴、吕四场大使李政等都几度重创倭寇。吕四盐丁（即灶民）亦组织秦团、顾团两支民间武装，来配合官军狠狠地打击倭寇。

  十一、不愧礼部官　"讨孝"融亲情

  通东的"讨孝"习俗，不但各地出版的传统习俗书上没有记载，就是包罗万象的《辞海》中也无此条目。后几经调查发现，原来此俗就发源于余东。

  通东的"讨孝"习俗，是专门为已出嫁的女儿和已进门的媳妇特设的一种别具一格的丧俗。为什么有"讨孝"的丧俗呢？明代嘉靖年间，有一媳妇的公公病故了，她在婆家戴上"三连冠"并披麻戴孝奔回娘家送信。娘家两老认为自己身体还挺硬朗，是触他们的"霉头"，所以把女儿拒之门外，并扬言要断绝关系。处理这种关系，大家都感到束手无策。于是，有人想到去问正在家中为母守孝的崔桐。崔桐听后呵呵一笑说："你应该知道，披麻戴孝出门，这是大人死后才有此大孝。但你也应该知道，里外父母是一样的。这样回家不是待错娘家父母吗？他们承受不了这种感觉，当然会怒不可遏地赶你回去。现在你脱去孝服用青布包好，再回娘家告知公公已故需戴'父孝'，要求家中父母理解，特来'讨孝'请同意准戴。"

  该媳妇依崔桐之言再次回到娘家，果然得到了父母的谅解，并煮了热糖茶款待。女儿临走时，父母还给女儿两条裤料（含女婿一条。这里顺便提一下切不能给一条，否则会伤另一人的生命）作为"回礼"。

此后，不管是女儿（或媳妇）哪一方的父母（或公婆）病故，都按规矩回家向父母或公婆家去"讨孝"，形成了通东地区特有的习俗。

十二、"塾师"被旁落 题诗惊四座

公元1549年秋，崔桐告老还乡。不久，崔桐听到有位员外家要请塾师，他便报了假名去这家任教。这位员外不知崔桐的真实姓名，误以为是位老学究。所以，各方面待崔桐并不是太看重，有时甚至还不太礼貌。崔桐为人，本来就是忠厚诚实，不讲究虚荣，因此也不与这位员外计较。

一次，这位员外家里有事宴请地方官员与名人豪士、秀才公子，却偏偏没有请家里的先生。那在古代是有失礼仪的，崔桐对此也不以为然，仍旧在书房里闲坐，等到厅堂里酒席摆好，宾客也来齐了，正在相互谦让座位时，崔桐不请自到，径直往首席上一坐。员外一家心里忐忑起来，众宾客亦觉得这位不速之客举动怪异，但也无奈只得开席。

酒过三巡后，忽有位秀才公子想看看首席的肚才，于是站了起来指着墙上挂的一幅上绘牡丹、下绘梅花的中堂，面对众人要求这位塾师为这幅画补诗一首，题得好大家同喝一杯酒以表祝贺，题得差点就罚酒三杯。众宾客本来就不服他坐上首席，经人一提议，大家都希望看场把戏，巴不得叫他坍一次台。于是大家拍手赞同，一致要求教书先生题诗。崔桐也未推辞，接过文房四宝，挥笔题诗一首：

牡丹花下一枝梅，

富贵贫寒共一堆。

莫道牡丹真富贵，

须知梅乃百花魁。

崔桐笔刚放下，四座已经惊起，异口同声赞誉：诗既切题，又合画意；不但文才称优，而且书法又相当俊秀。崔桐题诗后，又从口袋中摸出一枚印章，在下款的岁月下端端正正地盖上。众人挤前一看，鲜红的方印上竟是"崔桐"两字。霎时，在座的宾客全部呆住了。尤其这位员外，万万没有想到已在他家教书月余的塾师，竟是大名鼎鼎的崔"探花"。员外一再向崔桐道歉："在下不知大人化名教书而光临本舍，一切不周之处，万望大人海涵！"

十三、纪念老家佣　祠堂改庙堂

殷忠，原非本地人，而是一个孤儿。一天，崔桐的祖父时任山东布政使司都事的崔润看见他沿街乞讨，觉得很可怜，便将他收留下来，送回余东老家给儿子崔昆当书童，殷忠时年十五六岁。几年后，崔昆做了翰林院编修，上任时，又把殷忠留在家中作为崔桐的贴身书童。崔桐在京考中探花后，又按祖辈的规矩仍将他留在家中伺候崔有继。此时殷忠已成为崔府的总管，崔家的事务全交给这位忠厚人管理。

有一年天气大旱，自六月旱到八月头，大地开坼，路上起蓬尘，小沟裂了缝，大河也见了底。谁知，八月初三突然来了大风大潮，暴雨成灾，大地一片泽国，地淹了，树倒了，屋坍了，畜没了。据说，仅仅余东场就死了一万多人，有好多人家全家都被淹死。但是，崔桐一家个个安然无恙。这都归功于殷忠的巧妙安排，提前将全家人迁徙到两棵大银杏树上，才保全了崔氏一家。殷忠因在水中浸了一天一夜，发病久治不愈而故。崔桐得知后，命将崔氏宗祠改为殷忠庙，让子孙后代都记住殷忠对崔家的功绩，并永远祭祀他。这次水灾后，崔桐留部分佣人在原址上耕作，其余家眷全部迁徙到凤城内的十八弯巷内。世代与邻居和睦相处，所以人称十八弯巷为"和善里"。现在，其二十四代传人仍住在这里。

（原载海门政协《海门文史资料》第26辑）

附:历史沿革

余东,古称余庆,因其地形酷似展翅欲飞的凤凰,故又名凤城,是一座有1 300多年文字记载的历史古镇。始于唐代,兴于北宋,盛于明清,基于煮海为盐而逐步发展形成。

历经盐亭(唐开元)—兵防要塞余庆寨(唐乾符)—余庆盐场(北宋)—余东盐场(元)—余东城(明)—余东镇(清以后)的发展过程。

余东系江海冲积平原,成陆历史悠久。南北朝时期(420—589),余东开始露出水面,后逐渐积成一条狭长的水脊,人称"牛角梢"。

唐文明元年(684),尉迟恭之后裔尉迟宝庆因受薛刚反唐之牵连避难于此地,围垦筑寨,取其姓名首尾二字为余庆,余庆由此得名。此后逐渐有移民定居,加上官府流放大量犯人到此垦殖,逐步形成沿海一村落。开元四年(716),始建盐亭。大历中黜陟使李承实巡察此地,在此围垦筑堤设灶煮盐,余东由此又有"李灶"之名。乾符二年(875),余东建制余庆寨,与狼山、石港、蔡港、西寨同为通州兵防五要塞。

北宋太平兴国年间(976-983),余东盐业兴旺,苏、皖、浙、晋等各地商贾相继来此开店经营,络绎成市,建余庆场。

元代(1271—1368)由于江海潮起潮落,大片陆地相连出现,余庆因位于余中沙之东,更名为余东,此名一直沿用至今。当时两淮计有29个盐场,余东场为其一。

余东因其地域滨江临海,历为兵防要塞,明洪武年间(1371),信国公汤和奉命在此建城,大兴土木。整个余东城河环绕,以河为界,城内城外各建十庙,无城墙但有四个城楼(东城门魁星楼,又名镇海楼,南城门三义楼,西城门火神楼,北城门真武楼),五处牌坊,堂、会、院等一应俱全。余东发展到了一个鼎盛时期,已由一个自然集镇发展成为官方建制镇。因余东城总体格局形似凤凰,故余东又名凤城。一首旧时民谣可以反映鼎盛时期余东城的全貌:

　　余东城,好风光,它有四城居四方;

　　城里城外各十庙,五山五坊三条港;

　　四河七桥四池塘,还有青墩双井庄;

　　亭台楼阁堂会院,凤城福地美名扬。

　　明正统、嘉靖年间,余东城虽经修建,但凤城格局和主体建筑一直保存至清朝初期。

　　清代,为两淮盐业鼎盛时期,乾隆三十三年(1768),两淮共有23个盐场,余东场为其一。余东、吕四二盐场的盐质冠于两淮,号为"余吕真梁",成为朝廷贡品,畅销全国,余东遂成为清代淮南的一个盐业重镇。

　　盐业不断发展,促进了工商业的繁荣,又使余东成为古通州的一个工商业重镇。余东曾是南通地区土布纺织业中心,是蓝印花布的发源地,所生产的芙蓉衫、芙蓉手巾都成为朝廷贡品,并远销东南亚。乾隆三十三年(1768),余东城遭到飓风大潮,原有格局遭到部分破坏,但仍存四城楼。据记载,余东城曾有108座大门堂,其中10多座悬挂有皇帝御赐的各种匾额("文革"期间均遭破坏)。

　　清末民初,由于海岸东移,盐业淡出,许多余东人撤灶务农。但至新中国建立前,余东一直作为通东地区(南通市东部一带)的政治、经济、文化中心。1903年,清末状元、著名爱国实业家、教育家张謇在余东盐河桥东创办了通东唯一的高等小学南通县立第九高等小学。1928年,通东第一个中国共产党党支部在余东小学成立。1948年5月,余东胜利解放,成为海门地区唯一通过武装斗争取得解放的乡镇。

　　新中国成立后,余东原富余区人民政府改为富余区公所,1952年富余区更名为余东区,1957年全县撤区并乡建余东乡人民委员会,1958年10月1日成立余东人民公社(设管委会),1963年2月另建余东镇人民委员会(两套班子两处办公),3年后撤镇恢复人民公社,1967年年初公社机构由于"文化大革命"的冲击而瘫痪,1968年4月由人武部建公社革命委员会,1981年10月撤销革委会重建管委会,1983年10月公社改乡,1986年10月撤乡建镇并一直沿袭至今。